그 여자의 전봇대

그 여자의 전봇대

2019년 11월 11일 인쇄
2019년 11월 15일 발행

지 은 이 | 김수화
펴 낸 이 | 이종형
펴 낸 곳 | 육일문화사
주　　소 | 부산시 중구 복병산길6번길 11
전　　화 | (051)441-5164 팩스 (051)442-6160
이 메 일 | book61@hanmail.net
출판등록 | 제02-01-125호

ISBN 978-89-98445-80-5 03810

값 12,000원

* 이 책의 저작권은 저자에게 있습니다.
* 저자의 허락 없이 내용의 일부를 인용하거나 발췌하는 것을 금합니다.
* 잘못된 책은 바꿔 드립니다.

> 이 도서의 국립중앙도서관 출판예정도서목록(CIP)은 서지정보유통지원시스템 홈페이지
> (http://seoji.nl.go.kr)와 국가자료종합목록 구축시스템(http://kolis-net.nl.go.kr)에서
> 이용하실 수 있습니다. (CIP제어번호 : CIP2019044847)

그 여자의 전봇대

- 잡담 속에 씹히는 돌

김수화

육일문화사

| 차례 |

제1부

여는 글 • 13
말을 해야 알지 • 14
편짜기 • 16
자기를 바로 봅시다 • 17
선글라스 • 20
나무 같은 사람 • 22
u fire! • 24
열매가 익는다 • 27
험담 • 30
너도 부처다 • 32
한마음 • 34
사랑과 일 • 36
유대有愛 • 38
빚 투 • 40
밥상 차리기 • 42
그래도 고마워 • 44
업業 • 45
나를 받혀주는 힘 • 48
풀씨 • 50

제2부

기준 • 53
백팔 참회 • 54
개만 같아라 • 56
세 가지 지랄 • 58
오지랖 • 60
가르침 • 64
존재의 이유 • 66
남과 북 • 69
이방인 • 70
생명 • 72
백겁인연 • 73
세상에 힘든 일 • 76
까막눈 • 79
까막눈2 • 82
보이스 피싱 • 83
급작스런 죽음 • 84
반야바라밀 • 86
적화통일 • 88
단 한방 • 91
해답 • 92

제3부

최신우행 • 97
음덕 • 98
불사조 • 100
모히또 • 104
엇나간 종교 • 107
깨어있으라 • 110
수화手話 • 112
휴 그랜트 • 114
인간의 재발견 • 118
2018년 추석 단대목에 • 121
꼭대기에 도착하여 • 124
위태로운 마음 • 127
꿈 • 130
미투 • 133
닮다 • 134
부증불감 • 136
불가사리 • 138
지공선사 • 142
정신이 나가버리다 • 144
어디를 잡을까 • 146

제4부

물음 • 151
안방 • 152
아무리 계산을 놓은들 • 154
비닐포장 • 156
사모님 • 158
삼 대三代째 • 160
누룩 형상 • 163
같이 즐겼으니까 • 166
한글 • 168
덕담 • 170
서운하냐? • 174
잠수함 • 176
흠집 • 179
따지기 • 180
소개팅 • 181
보하 • 184
무심이 지나쳐 • 186
기러기 아빠 • 188
이석증耳石症 • 191
알 수 없는 당신의 마음 • 194

제5부

고독 • 199
삶의 본질 • 200
수처작주隨處作主 • 202
별 • 206
아이들의 흔적 • 209
무제 • 212
인생 별 거 있나! • 214
항복기심 • 216
늙은 오이 • 218
남편 • 221
은혜 • 222
궁금하여 • 225
진정 사랑했나요 • 226
많이 컸다 야 • 228
남자라면 • 230
철새는 날아가고 • 232
강남 달 • 234
위대한 유산 • 236
삶의 가치 • 238

■ 맺는 말

제1부

여는 글

이 글은 아무나 읽을 수 있다
슈투트가르트나 디오게네스
뭐 그런 낯선 말들을 몰라도
쉽게 읽을 수 있는 것이다
이미 거룩한 사람이나 일가견을 이룬 사람은
제발 읽지 마라
그런 사람들의 저 멀리 있다싶은 책이 아닌
바로 가까이로 무게감 없이 읽을 수 있는 이 책도
나쁘지는 않을 것이다

면무식하고 세끼 밥 먹고 사는
내 주변의 고만고만한 나를 위한 글이다
그리고
모든 글, 예술은 무릇
어렵지 않은 재미가 있어야 한다
어려우면 아무나 먹지 못한다
너무 멀면 관심 밖에 둔다
너무 틀림이 없으면 지루, 고루하다
나의 지론이고

너의 지론이겠지

말을 해야 알지

내 사정이 이러하니
당신이 좀 이해해 주실런지요

복잡한 인파를 뚫어가야 할 때나
남의 어깨를 치며 후다닥 버스를 내려야 할 때
—실례합니다~
그 말 한마디는 어지간한 눔도 슬몃
몸을 움직여 준다는 말이지
어깨를 부딪치고 사과 없이 지나치다 시비에 쪼여
여러 명 죽어 나갔지

그러고 보니 생각나네
내가 중국에서 일행의 꼬랑지를 놓치고
숨 가쁘게 달리며
익스큐즈 미! 라고 외쳤지
순간 사람들이 양쪽으로 홍해처럼 쩍 갈라지며
길을 만들어 주었다
햐, 참, 내가 그 한마디로
이 만만디들을 움직이게 했다니
스스로 대견스러운 적이 있었다네 ㅎㅎ
만만慢慢디 – 게으르고 오만한 사람

살면서
내 딱한 뜻을 상대에게 말하는 일은
매우 중요하다
오해를 걷어준다

편짜기

살다보면 서로 힘을 뭉쳐야 할 경우도 많지만
자신들 이익을 위한 웃기는 편짜기도 숱하여
정당하지 않은 경우가 많더라

내가 누구 편을 든다면
전봇대 편을 들 것이다
전봇대는 편이 없기 때문이다
만 가지가 덕지덕지 들러붙어 추레하여도
담박한 전선 몇 가닥 허공을 그어
길이 먼 새가 잠깐 쉬어도 가는 것이다

새봄이면
꿈쩍을 못하는 전봇대를 떠메어
산천유람을 시켜보겠다고
어깨에 짊어지려 기운을 쓰는
발치의 나실나실 간지러운 새싹들
차라리 그 편을 들어
응원하리라

자기를 바로 봅시다

어느 날 합창시간에
성철 스님의 〈자기를 바로 봅시다〉라는 생전의 법문에
곡을 붙인 노래를 신나게 불렀다
나는 이미 순금이다
나는 반짝거리는 최고이니
늘 나를 반짝반짝 잘 닦으라는 가르침의 노래
쉬는 시간에 나는 곁에 앉은 아우에게
-자기를 바로 본다는 게 무슨 뜻인고-?!
물었다

내가 외람되이 이런 글을 쓰는 이유는
저 높으신 불가의 어른들께오서는
이 맨 꽁바리로 지지고 볶는 말단들이 당신의 법문을
다 잘 알아듣는다고 믿는 넌센스가 있지 않을까,
이 깜깜한 눈에 가끔 그리 비치는 때문이었다
눈도 밝지~
사실 나는 통 못 알아먹겠는데도 거두절미하시고
중간 토막만 안겨주니 난감 또 난감...
소상히 풀어주지 않는다는 것이다
우리들을 너무 과하게 평가하는지
아니면 군더더기 말이 될 것을 우려하는지 나는
절대 모른다

그럼, 내가 나를 거꾸로 보냐
비스듬히 누워서 보냐

누가 나를 보고 저만 잘났지 라고 비웃어도 사실 나는
하나도 해롭게 생각하들 않는다
내가 이미 그런 소심한 경계는 넘었다는 것이지 ㅎㅎ
왜냐면
금강경에서 수도 없이, 귀에 못따까리가 앉도록
우리들에게 당부하는 구절이 있지 않나
  항하 강의 모래 수만치 많은 귀한 보물을
  엇다가 보시하는 것보다도
  경전의 한 구절을 곁에다 얘기해주는 것이
  참으로 크나 큰 복을 주는 일이다
그 말씀은 고기를 잡아 오지랖에 쏟아주는 것보다
물고기를 잡는 방법을 알려주어
살아가는 내내 배고프지 않을 방도를
가르쳐 준다는 말이다
경전 속에는 삶의 갖가지 방법, 방편이 들어있다
고기를 계속 잡아주던 내가 늙어 죽어버리면
-갸가 우찌 되것노?!
엄벙덤벙 헤엄도 못 쳐 꿀꺽꿀꺽
물에 빠진다는 것이지

아우에게 말해주었다
내가 지금 내 잘못을 숨기려고
억지를 부리는 것은 아닌가
내가 지금 누구 편을 들겠다고 듣지도 않은 말을
들었다고 거짓을 말하는 것은 아닌가
내가 지금 남의 것을 가로채려고
설레발을 치는 것은 아닌가
　설레발 – 몹시 서두르며 요란을 떨다
기타 등등
내가 옳은 짓, 옳지 않은 짓, 무슨 짓을 하는지
나를 바로 보라는 것이제
라고 내가 아는 만치만 얘기해 주었다
아우가 합장으로 응대했다
결코 비아냥의 어름은 아니었다
얼마나 보살의 기질이 그 바탕에 깃들어 있는
착한 아우이던고

지한테 덕이 되는 바른 말은 힝! 쳇!
아니꼽다고 사양하는 것이
사람종자일진대　ㅎㅎ

선글라스

이 소잡아 터진 나라 한반도의 끝나지 않은,
곧 끝날지도 모르는 대명제
통일
그 과업課業—마땅히 해야 할 일—으로
이 작은, 동강난 나라의 역사적 물꼬가 터질지 말지의
중차대한 와중에
안목을 좀 멀리 펼쳐 자식 대는 아니라 쳐도
손자 증손자 고손자들의 미래까지를 넉넉히 도모해볼 시점에
거품 물고 반대하는 사람들
곧 돌아가실 연세에 넘 벅찬 걱정들에
당장 갈라먹어야 하는 손실만을 생각하는 젊은이들에
사면이 초가인데도
욕을 바가지로 얻어먹으며
대통령은 동쪽으로 서쪽으로 북쪽으로 비행기를 타고
날아다니는데
또 공짜로 많이 타고 다닌다고 시비를 붙이고
거기 가서 좋은 음식, 좋은 침실에 호사를 한다고 또
지랄들이니
—그럼, 니들이 대통령 하라머
비행기 오래 타는 게 얼마나 피곤한 일인지를 모르고
그저 팥알만 한 생각을 돌리고 돌려대니
애닯지 끌!

대통령이 해외 나간 사이
그 林실장이 선글라스를 떡하니 자시고
신료들과 어디를 시찰 다녀왔다나 말았다나
저쪽들이 벌떼마냥 일어나
고 사이 대통령 흉내를 내며 폼을 잡고 거들먹거렸다고
하이고야, 이 나라는 아직까지 선글라스가 똥폼에 해당되냐
햇볕 가리개 아녀?!
아, 무두일無頭日―웃따까리 없는 날―은
공휴일보다 낫다는데 대통령이
자리를 비웠잖아?!
그 기분이사 어디로 날아가고 싶고 말고
그 林실장이라는 양반은 그런 같잖은 구설에 씹히다
구설口舌 – 헐뜯는 말
역할이 교체되어 2019년 1월 8일에 후임과
신뢰와 격려의 포옹을 나누었다
이 어렵고 힘든 시기를 당신에게 맡겨 미안하다는, 또한
당신이 잘 꾸려나가 줄 것이라는 신뢰의 포옹으로
무겁던 짐을 털었다
내가 다 홀가분하더만

하기야 선글라스로 시비 쪼은 사람이 몇이나 될꼬
하나 아님 둘이겠지

* 이 글은 출판이 미루어져 조금 늦은 감이 있다

나무 같은 사람

사람이 소인배들과 섞여서도 일을 도모하는 것이
짜치는 인간 세상의 비리이지만 공자님께오서도
여자와 소인배와는 말을 섞지 말라 하셨지
여자라고 뭐 다 소인배 축은 아니겠지만
그 옛날 여자들이사 집안에 갇혀 일만 하다보니
바깥을 알았겠나
남자들도, 어지간히 해외 물까지 마셨다는 사람도
생각의 폭은 비좁아 터져
지식과 마음의 너비는 상관관계가 없다더만

나대지 않는, 나댈 수 없는 나무의 성품으로
다듬어진 사람들을 가끔 만난다
꼼수 없는, 묵직하여 여러 말 필요 없는 한마디로
상대를 설득한다
담박한 한마디에 소인들은 말문이 막혀
오히려 잡아째는 소리로 기갈을 부리니
쳐다보는 내가 우스워 죽었지
시방 21세기에 그런 희귀한 인물을 내가 보았으니
지금의 저 곱슬머리의 총리대신
저 작은 눈 좀 보소
예리하지 않은가
눈이 작아 못 볼 것이 있다던가

엊그제 나루히토 일본 왕의 즉위식에 파견되어
어디 하나 꿀릴 것 없는 행동거지 좀 보소
아베총리의 흔들리는 눈동자를 혹 보셨나?
근데 일본 측이 초청장을 보냈든가 말았든가 간에
지들 쪼잔한 맘보와 상관없이 우리들이야
우리들의 예의를 갖춰야지 암!
소인배들을 같아 뭣을 하겠던고

나는 절대 총리의 편이 아닙니다
만난 적도 없습니다
내가 싫어하는 것 중 하나가
편짜기입니다
다만
내 공정한 눈에 그리 비치었다는 말씀이오다 ㅎㅎ
여태껏 수많은 여자들이 나를 자기편에다 넣어
대변인으로 쓰려고 애들을 썼지만
다 거절했다오
판공비 제공을 않는 것이 첫 번째 이유였지만
어디 정치에만 편짜기 있나요
가난한 민초에도 셋만 되면
편짜기 하려는데

u fire!

휴대폰으로
벽도 발가락도 모르게, 엄지손톱도 미처 모르게
뼹 날려버리는 문자 한 줄
모든 기계의 발달이 그러하듯 참으로 인간의
번거로운 과정들을 생략해 주는
신세계 최상품이여~

you fire!
당신 해고여!

어떤 잘난 총각이 꼭 믿고 있는 처자에게
흰 눈밭으로 내려앉는 작은 새의 깃털 같은
문자 하나 띄워
그것은 다름 아닌 파혼을 알리는 내용이었다고
-ㅎㅎ 파혼도 참 쉽지요이~
일대사 인연의 질길 약속을 그리 간단히
누운 자리서 해결

엊그제도 내가 사랑하는 한 남자가
그렇게 해고되었다는 소식
그 사람은 보수의 기질을 가진,
정치에 대해 오해가 없게끔 소상히 풀어 방송에서

얘기해 주는 사람이었는데
모셔간 지 얼마 안 된 정당 우두머리께서 굳자로
—유, 파이어!
라고 날려 버렸다
그 황당했을 남자는 기자회견에서 말했다
문자 해고를 나무라고 싶지는 않다
다만 너희의 잘못 나가는 결속에 대해서는 내가
한마디는 해 주어야겠다—
얼마나 심플한가
거세되는 마당에 니들의 고질적 그릇됨을
나라를 걱정하는 마음에서 짚어주겠다니
얼마나 삶의 본질을 터득한 사람인가
미운 놈도 측은해 마지않는

그려, 그 문명의 이기를 나도 절대 나무라고 싶지는 않지
그리 간단히 날린 분들과 나의 생각도 부분적으로는
대략 맞아떨어진다는 것이제
껄끄러운 존재를 해치워야만 하는 중차대한 시점에
궁리에 궁리를 더하다 조금은 지독히 망설였을 것이고
고심 끝에 에라, 핑 날려버린 것이다
나는 다 이해한다
그 쪼그라져 붙던 과감의 시간이나

큰 재목을 모셔둘 자리가 비좁았다는 것쯤을
자유한국당으로 황공스레 모셔진지 한 달도 안 된 시점에
전씨 성을 가진 그 원챙씨의 사람 얼굴이 반쪽이라
내가 크게 놀란 것이다
하이고…저 판은 정말 쇠심줄처럼 칡덩굴처럼
동서고금 찔긴 것 다 먹어본 사람이 아니면
들이댈 곳이 못되는 곳인가벼
둘러치고 매치는 저 판에서 살아남아야
매치다 – 말과 생각이 보통 사람과 다르다
진짜 사나이지! 암!

하이고, 예서 그만 할란다
그럴 수밖에 없는 사정은
사람 사는 어느 판에라도 존재하고
존재할 수밖에 없으니

* 이 글도 조금 늦은 감이 있다

열매가 익는다

나는 법문을 들을 때면 늘 풀리지 않는
의심 하나가 있었다
악의 열매가 익다
선의 열매가 익다
무슨 말인가
어찌 알아듣기 쉽게 풀이해 주지 않으시는가
딴 사람들은 다 이해를 하는가
그러면서도 막상 질문은 또 하지 않았으니
다만 미처 질문할 생각은 못했다는 것이지 내가
아둔한 것이제

그러면서 세월이 흘러갔고
어느 날 범죄영화를 보면서 그 뜻을 알게 되었다
늘 부모님과 함께 개를 데리고 산책을 나갔던 소년이
이제는 나이 여덟 살이 되어
저 혼자 개랑 산책 나가도 되겠냐고
허락을 받고 나간 그 이후 실종이 되는 것이다
그 동네를 떠돌며 훔치기도 하고 마약도 하는
부랑아가 우연히 그 범죄의 근방에 있었고
경찰에 본대로 실토를 했으나 그의 말을 아무도 믿어주지 않아
그 사건은 미제 아닌 미제로 남게 된다

그 후 세월이 무려 20년이 흘러갔고

소년이 살아있다면 28살의 훌륭한 청년이 되었을 시간
이젠 그 사건을 기억하는 사람은 거의 없고
그 동네 어린 아이들은 어른이 되었고
어른은 또 늙어서 죽어버릴 정도의 시간이 지나간 것이다
그 떠돌이 소년도 세월 속에서 딴 도시로 흘러 다니다
결혼을 하게 되어 고향을 찾는 것이다
그 지나간 사건, 그에게 혐의를 두었던 일에 대해
사랑하는 여자에게 결백을 증명해 보이고 싶었던 것이다
그래서 지금까지 죽 그 동네 그 자리에서
햄버거 가게를 하는 남자를 찾아가
당신이 그때 아이를 데리고 지하 식품창고로 갔지 않느냐며
과거를 들추어 열거하며 다그쳐
자수하라, 며 실랑이를 하게 되는 와중에 다시
살인이 일어나는 것이고
그 살인을 조사하는 과정에서
햄버거를 만들던 남자가 매일 부모님과 함께였던 아이가
혼자 개를 데리고 나오자
오늘은 혼자 나왔네, 다정스레 인사를 건네는 순간
그 전광석화의 범죄 구성이 그의 머릿속에
자리 잡았다는 것이다
아이를 식품창고로 유인해 추행을 하니
깜짝 놀라 소리 지르고 더 놀란 남자가 아이를
그 자리에서 죽인다

열매가 익는다

나는 법문을 들을 때면 늘 풀리지 않는
의심 하나가 있었다
악의 열매가 익다
선의 열매가 익다
무슨 말인가
어찌 알아듣기 쉽게 풀이해 주지 않으시는가
딴 사람들은 다 이해를 하는가
그러면서도 막상 질문은 또 하지 않았으니
다만 미처 질문할 생각은 못했다는 것이지 내가
아둔한 것이제

그러면서 세월이 흘러갔고
어느 날 범죄영화를 보면서 그 뜻을 알게 되었다
늘 부모님과 함께 개를 데리고 산책을 나갔던 소년이
이제는 나이 여덟 살이 되어
저 혼자 개랑 산책 나가도 되겠냐고
허락을 받고 나간 그 이후 실종이 되는 것이다
그 동네를 떠돌며 훔치기도 하고 마약도 하는
부랑아가 우연히 그 범죄의 근방에 있었고
경찰에 본대로 실토를 했으나 그의 말을 아무도 믿어주지 않아
그 사건은 미제 아닌 미제로 남게 된다

그 후 세월이 무려 20년이 흘러갔고

소년이 살아있다면 28살의 훌륭한 청년이 되었을 시간
이젠 그 사건을 기억하는 사람은 거의 없고
그 동네 어린 아이들은 어른이 되었고
어른은 또 늙어서 죽어버릴 정도의 시간이 지나간 것이다
그 떠돌이 소년도 세월 속에서 딴 도시로 흘러 다니다
결혼을 하게 되어 고향을 찾는 것이다
그 지나간 사건, 그에게 혐의를 두었던 일에 대해
사랑하는 여자에게 결백을 증명해 보이고 싶었던 것이다
그래서 지금까지 죽 그 동네 그 자리에서
햄버거 가게를 하는 남자를 찾아가
당신이 그때 아이를 데리고 지하 식품창고로 갔지 않느냐며
과거를 들추어 열거하며 다그쳐
자수하라, 며 실랑이를 하게 되는 와중에 다시
살인이 일어나는 것이고
그 살인을 조사하는 과정에서
햄버거를 만들던 남자가 매일 부모님과 함께였던 아이가
혼자 개를 데리고 나오자
오늘은 혼자 나왔네, 다정스레 인사를 건네는 순간
그 전광석화의 범죄 구성이 그의 머릿속에
자리 잡았다는 것이다
아이를 식품창고로 유인해 추행을 하니
깜짝 놀라 소리 지르고 더 놀란 남자가 아이를
그 자리에서 죽인다

그렇게 오래 묵은 범죄의 진짜 범인이 정해지는
다행한 순간이긴 했어도
불행하게도 다시 엉뚱한 사람이 죽게 되었으니
결혼을 앞둔 그 남자였다
그 개와 함께 했던 소년은 꽁꽁 비닐에 싸여
백골이 되었고

그래서 나는
악의 열매가 익는다는 뜻을 비로소 알게 되었다
하지만 그 악의 열매가 영원히 화석처럼
묻혀가는 경우도 있으니
그 죄악의 뿌리는 죽은 다음의 세상에서
거두어질런가는 모르겠다
세월이 지나고도 40, 50, 60년 후에 그런
혹독한 혐의를 벗는 일도 있으니 그 사람이
이 세상 살았던 시간보다 더 긴 경우도 있지 않은가
참, 피눈물 나는 이야기다
선의 열매, 무혐의 열매가 너무 늦게 익는다면
무슨 소용이겠는가만

하여간
익는다는 확실한 사실

험담

참, 사람으로 태어나서 일생 한번
남 듣기 좋은 말, 힘을 돋워주는 말 한마디는
기어이 해주기 싫은 사람이 있으니

어느 뜬금없는 날에 어느 아지매가
서방으로부터 난데없는 소리를 들었으니
-내가 마누라 복이 없어 이 모양이여!
듣는 아지매 억이 차고 말고
내 일생 저 눔에 엮여 늙어버린 이 시점까지도
저 인간을 털어버리나마나 궁리를 하고 있는데
적반하장 마누라 복이 없다하니 온!
참았다
갚아 뭣하리
보통 여자가 아닌 거여, 보살이여 보살

그 한 일 년 후 잊어버릴만 할 때 또
지가 마누라 복이 없다고
남의 마누라가 부럽다고
어이구, 지랄을 해라!
그래도 이제는 한마디쯤 건네야지
그것도 미워서 하는 말은 절대 아니고-
이 지점까지도 하마 그 작자가 밉겠는가
가엾지
-와 당신은 그리

조상 덕도 없고
　　부모덕도 없고
　　형제 덕도 없고
　　마누라 덕까지 없다니
　　당신 팔자는 와 그러노?!
작정하고 들이박아 놓았으니
그 담부터는 그 싹수 나간 말을
입에 올리지 않았다나

여기서 말하는 형제 덕은
하여간 어릴 때부터의 의식주는 가난한 큰형이
먹이고 재우고 입혔건만
그 공을 알아라는 말은 절대 아니고
절대 알 리도 없고
좀 말썽 없이 살아주면 좋겠는디
당최 깨부수는 소리가
큰집까지 들려왔다는 말이지

남자 중에는 저리 철딱서니 없는 말이나
씨부렁거리는 자가 있다니
그 마누라가 어디에 덧정을 붙이겠는가

　　덧정情 - 더 끌리는 마음

너도 부처다

너도 부처라고 가감 없이 말해버리면 우짜노
내겐 언제나 매우 위험한 덕담으로 들린다
부처가 되는 길은 멀고 멀어 한 생이 다 하여도
모자랄 판이고
또 너무나 쉬워 한 순간에도 뚫어버린다지만

더더군다나 한 낱 틀리지 않는 부처님의 말씀을
이 중생들이 째까닥 어느 세월에 다 알아먹겠다고…
그 말씀의 끝을 잡을 수가 없지 않은가
어떻게 해야지만 부처가 된다는 기본 음절을
잡아줘야 할 것이다
하기사
어떻게 말하고 생각하고 행동해야 한다는 말씀을
죽도록 쏟아부어 주어도 맨송맨송
알아듣는 눔 하나 없고
중생마음 하나 바꿔주기가 세상 젤 힘들다더만
감히 내가 그 엄중한 세계를 이해하지 못하면서
딴지를 걸 수 있겠는가만
오늘은 어깃장을 함 걸어보고 싶다

그래서 아니나 다를까
경계를 털어버린 혹은 무너뜨린 어느 거사가

나도 부처라고 생각을 했는지 어떤지는 몰라도
법당에서 담배연기를 휘휘 날리며
부처님 얼굴에도 훅 뿜어보고
부처님 손바닥에 재를 비벼 끄고 했다는 야그를
내가 어디서 읽었다는 것이지
부처님이사 그 많은 세월을 갖가지 시행착오에다
파고파고 또 뒤집으며 거꾸로 바로 세워보며
뼈만 남은 죽음의 경계를 넘나들며
그 무엇을 기어이 뚫었다는 말인데
그런 절절한 과정 없이 부처가 대번에 된다고 한다면
어리둥절할 사람이 좀 많겠는가
너도 부처가 될 수 있다는 상한선이나
하한선 정도의 그 어름을 그어줘야
시정 없는 중생이 조금
알아 들으려나 말려나

너도 부처다!
부처가 되어보려는 맘을 갖게 하려는
희망적 시도
경전의 반의 반 구절만이라도
후벼 파볼 일이겠다

한마음

그런데
내가 작금에 참으로 지혜로운 가시버시-부부-한 쌍을
발견했으니
그이들은 참으로 일란성 쌍둥이 정도로
그 표정의 생김새가 유사한 판박이라
얼굴에 꾀죄죄 피어나는 눈웃음도 그렇고
그 물 한 방울 새어나올 틈 없이 치밀한 생김도 그렇고
하여간 그들의 그런 한마음 한뜻이 형성되었을 듯한
그 오랜 시간들이 경외스럽기도 했다
한동안 조석으로 티비에 들며날며
우리들이 어느 게 암까마귀 수까마귄지 분별해 보느라
심심할 여가가 없었다

사람살이에 무슨 큰 도모를 할라치면
먼저 내부에 적이 없어야 한다
그 두 마음이 아귀가 맞아 단단한 결속이 되어
한마음이 되어야 한다
그리해야 거대한 외부의 쓰나미를 막아낼 수 있는 것이다
그리하여 바깥일에서 좋은 해결을 보아 히유!
몸과 마음이 자유로워진다면
그때 비로소 전열을 새로 가다듬어
-당신 몸에 그 북두칠성 아직 그대로 박혀 있제?

엇다가 내다 팔아먹었나를 피나게 따져볼 일이다
왜냐면 남편이 그 옛날 자기 사추리 어디에
북두칠성이 있다고
내게 구라질을 한 적 있었다
구라 – 거짓말

어찌되었건
삶의 돌아가는 이치를 잘 파악하여
지혜 충만으로 처신하는 듯하지만 사실은 그 일들로
세상이 너무 들떠 선정적이지 않았는가
번잡한 것은, 어지러운 것은 결코
지혜가 아닐 것이다
지혜는 애시당초
번잡할 일을 만들지 않는 것이다

대한민국의 여러 지사님들이 화면을 장식하여
심심찮은 시절
표현의 자유가 있는데 설마
고소는 않겠지 ㅎㅎ

사랑과 일

나는 책을 읽다가 그 내용 중에서 더러
사람이 살아가는 데는
일과 사랑이 기본적으로 필요하다는 구절을 자주 만났고
일이라는 부분에 대해서는 이해를 했다는 것이다
삶이 지루하지 않으려면 아침부터 몸을 움직여줄
일이 있어야하는 건 분명하고
그러다보면 자연히 소득이 따라오는 것이라서
우선 입에 밥을 떠 넣을 수 있고
여행이나 더 나은 학습에 투자도 할 수 있고
뜻뜨미지근한 사랑도 한 자락 할 수는 있다는 것이다

그런데 사랑이라는 것에 대해
어떤 사랑이다, 라는 분명한 선을 긋지 않고 있어
내가 많이 헷갈렸다는 것인데
세상에 널린 게 사랑이고
가랑이에 걸린 게, 입에 발린 게 사랑인데
그 사랑 중에는 웃기고 괴상한, 사랑이라는 이름을 빌린
가짜가 좀 많았겠는가
하기야
가짜라고 말할 수도 없는 것이
어떤 누가 무슨 재주로 진짜 사랑만을 골라 하겠으며
실체라곤 없는 그 사랑이라는 것이
어디쯤 가서 그 본모습을 드러낼지 모른다

모든 사랑의 이유가 어쨌든 다 절실하고
간절한 것이 아니겠는가
그래싸도 정신이 뽕 나가 흐리마리해 있다가는
지 눈알 지가 찔러버리는 경우가 판판이 있다하니
마음을 똑바로 뜨고

그래서 나는 한때
사랑을 나름대로 분석해 보려고 골몰하였는데
결론은 그 어떤 사랑이든
뜨시고 존 것이라는 결론을 내려
남의 사랑 가로채어 가는 얍실한 년눔들도
내 손으로 처벌은 않기로 했지 ㅎㅎ
그러나
불륜은 언제나 사람이 두엇 죽어나간다는 사실
니들이 명심해라
위대한 개츠비라는 영화에서도
남의 사람이 된 옛 애인을 빼가려다 수영장에서
허망하게 엎어지는 개츠비
검붉게 물든 부서진 욕망이 느릿느릿
헤엄을 치더라
거기서는 세 사람이 죽었다
현실 속 이야기가 바로 영화이니라

유애 有愛

유애는
삶에 대한 미련이란다
불교에서 들었다
즉 죽기 싫은 마음, 이 세상에 오래오래
머무르고 싶은 마음이다
그런데도
사람은 뻑하면 무애無愛,
그러니까 삶을 신발 벗어버리듯 훌떡
던져버리고 싶은 맘,
죽어버리겠다는 마음을 먹는다니
두 가지 맘을 양손에 거머쥐고
죽지도 살지도 못 하겠는 야박한 삶을 그래도
이 손 저 손 옮겨가며 주물떡쭈물떡
줄창 살아내는 것이다

일단 생명을 붙인 것은 모두 죽기가 싫은 것이다
오래 살아야겠다느니 어떠니 하는 맘은 차치하고라도
오로지 죽기만은 싫은 것이다
그래서 손이 온 날 주인이 닭장 문을 들어서면
세상모르고 도란도란 놀던 닭들이 순간에 확
흩어지는 것이다
결국 씨름 끝에 날갯죽지나 다리가 낚인 닭 한 마리

황천길을 가는 것이다

그러니 나도
유애와 무애 사이를 쉼 없이 오락가락

내 삶의 끝은 어느 가지에 걸려 있을까

빚 투

최근 외국에서 성장한 어떤 래퍼의
과거 부모의 이력이 드러나면서 논란이 되고 있다
그 당시 야반도주의 살금살금 깊은 밤에 그 래퍼는
어린아이였고
그 후 부모가 그 아이에게 당신들의 악행을
얘기하진 않았을 것이다
어느 부모가 자식에게 죄를 토하여
어엿한 부모의 위신을 무너뜨릴까
이미 시간 속에 묻혀가고 있는 떳떳한 사실을

그렇게 치밀히 준비한 야반의 계획을
어떤 날 밤중에 시행을 할 것인지는
사실 아무도 모르제
다만 필요한 사람에게 돈을 빌려주면 높은 이자를
받을 수 있어 서로 도우는 일이 아니던가
그 후 돈을 빌어준 사람들은 절망의 구덩이에 빠져
스스로 죽은 사람도 있을 것이고 하루아침에
집 따까리 하나만 덜렁 남아 집을 팔아치우든가
당장 밥을 굶을 것이었으니
인간이 참 뼛속까지 간교하고 야속한 것인지

그래서 나는

이런 일은 분명한 살인죄로 처벌해야 한다는 주장이다
사람을 직접 죽이지 않았다고 해도
여러 사람이 스스로 죽는 것이다
몸뚱이가 죽거나
마음이 죽어 살아도 사는 것이 아닐 것이니
살인보다 더 가혹하지 않겠는가
그 부모의 죄가
이 시점에서 비로소 무르익은 것이다
그리하여 멀쩡한 자식에게 죄가 넘어가게 된 것이다
나는 이런 삶의 검산檢算―계산이 맞는지 어떤지
거꾸로 바로 아귀를 맞혀보는 일―이
정확히 맞아 떨어지는 경우마다
퍼뜩 생각나는 것이 있으니 부처님의 말씀은
어이 하나 그르침이 없다는 신기함이다
그런 원인이 있어 그런 결과가 있다니

―아이구, 관세음보살님~
  그나저나
  그 집 아를 어찌 하면 좋겠습니꺼~

밥상 차리기

졸혼에 들었다는 어느 남자
이혼의 밀당, 번거로움은 늘그막에 피차
너무 버겁고 소란스러웠지
냉장고에서 반찬통을 죄다 꺼내어 따로 덜지도 않고
바로바로 집어 먹으며 하는 말이
하루 세끼 차려 먹는 게 이리 힘든 줄은 몰랐다고
아내의 고충을 이제사 이해한다는 말인지

내게, 모든 여자에게 일생 지긋지긋하던
상 차리는 일
하기야 배불리 먹자고 뼈 빠지게 일도 하는데
돈 많이 벌어오라고 성의껏 차려야 주지만
일생 먹어내는 일도 그리 지긋지긋하다 하니
남들 다 먹어내는 음식을 저만 못 넘긴다는 것이다
버섯 파 우엉 달걀찜 무국 시레기국 잡채 카레 약밥
곰국 굴무국…다 빼고 나면 뭘 먹겠냐고
그러니 여자 맘이 납덩이라 함께 밥 먹기는 더 싫지
금덩이를 삶아줄까
다이아를 갈아 전을 부쳐줄까

지들 보기에 시원찮은 콩나물 무침 하나도
시장을 봐서 잔발 하나하나 다듬어

하여간 몇 번을 씻어 흔들어 콩깍지 다 떼어내고
솥에 익혀 소금 고춧가루 참기름 깨소금에
간이 맞나 어떠나 몇 번 찍어 맛을 봐야
상에 오르는 것일진대
밥상 앞에서 여러 사설하는 니들은
청송에 있는 추운 감방서 한 달포를 굶어봐야 혀
어떤 분들은 식탁을 싹 쓸어 먹어
설거지 할 것도 없다는데

그래도 고마워

흠 없는 사람이 어디 있을까만
사실 남편에게 내 흠을 털어보라 하면 여섯 가마니는
너끈히 털어낼 것이다
하지만 그것은 결코 객관적이거나 검증된 것이 아닌
그 사람 개인적인 소견, 감정이 실릴 것이라
여자들은 인정을 않는다는 것이제 ㅎㅎ

그래도 참 내가 고마운 것이
바깥에 식당에서 혼밥을 곧잘 먹는다는 것이다
대개의 남자들이 혼자 식당에서 밥을 먹는 게
스스로 초라하여 못할 짓이라는데
아마도 이 남자는 이리 뻑세고 굴하지 않는 아내가
배경에 버티고 있음이 노을처럼 거대한
그의 빽이 아닐까 싶네
인생은, 특히나 부부관계는 그냥저냥
근거 없는 아전인수라
다 니 덕으로

내가 그리 사는 것이여!

업業

다 니 업이다!

얼핏 들으면 다 니 탓이다,
니가 감수해라는 뜻인 것 같지만
정확히 말한다면
니가 세상에 불거져 나와서 너를 둘러싸고 있는
어떠어떠한 주변 환경이나 사람을 통 털어서
업을 만드는 재료라고 나는 생각한다
시방의 그러한 행실이나 성정머리를 형성하게 해주는
참으로 틀림없는 기초나 시발을 말하지 않나 싶다
다 니 업이다 라고 말하는 그 사람이 바로
그 업을 만들어 준 당사자일 수도 있는 것이다
전생에서부터 그 업이 당연히 지금까지로
연결된다 싶기는 해도
내가 전생을 뒤져볼 처지가 아니구만
뒤져볼 수도 없고

삶을 일구어주는 선업
가라앉혀 버리는 악업

그리고 또 업이란 뜻으로는
한 집안의 살림이나 복을 살펴주고 지켜주는

동물이나 사람이라는 뜻의 순 우리말도 있다
개가 집을 나가고 나서 그 길로 사람이 죽고
살림이 꺼지더라는 야그도 있고
어떤 사람이 내 집에 들어오니 집안의 기운이 술렁술렁
바뀌어 집안이 화기애애해지거나 살림이
쑤욱 일어나는 경우를 주변에서 본다
내 집에 드는 남의 사람
대체로 며느리나 사위가 되는, 남이 낳아서
내 식구가 되는 사람이 해당될 것이다
쐐기같이 악착스런 며느리는
등겨 한 알갱이 남에게 떨어뜨리지 않는다
막돼먹은 사위자식
집구석 초토화는 시간문제다
누가 알 수 있겠나 그 인간의 속을, 그 업을

점바치나 갓바치가 뭐 순 맨 땅에 헤딩을 할까보냐
뭔가는 몰라도 나름 다 뭐가 있으니
그 사업을 시작을 했것지
   갓바치 – 짐승의 가죽을 잘 만져
        신발이나 옷 가방들을 만드는 사람
둘이 결혼하면 하나가 죽어나간다는 점바치의 말을
안 믿을 수도, 믿을 수도 없었지만

좋아 죽겄는디 그냥 혼사를 후딱 치르고 보니
남편이 그만 이 세상 하직下直한 경우가 있어
이 새댁이 지금까지 그 트라우마에 시달려
점을 보고 또 보고 하다가 큰 빚까지 얻어
욕을 본다는 업의 이야기도 있더라
그러나 저러나
우리가 눈으로 볼 수 없고
손가락으로 꼽아볼 수 없는 어슴프레한 일들이,
나를, 우주를 둘러싼 기운들이
니가 무슨 짓을 하고 있는지 죄다 헤아리고 있다니
어찌 행실을 바로 잡아가지 않으리

무거운 업 짓지 마라
니가 힘든다

나를 받혀주는 힘

사람이 히뜩히뜩 남의 눈치를 보거나
언뜻언뜻 나 자신이 당최 내 맘에 안 드는
갈등에 잡힐 때가 있는데
그럴 때는
이미 많은 선지자들께오서 말씀하신
감사기도, 참회기도를 항상 염두에 두어
이불 속에서도 기도를 잊지 않으려 해 볼 일

예전에 어떤 사람이
-내가 참회할 일이 무엇이여?
라고 말해 내가 속으로 흠쩍 놀랬다
지금 어디서 어떻게 잘 사는지는 모르겠다
하여간
참회기도는 깎아놓은 흰 배추뿌리처럼
나를 튼실하게 만든다
나에게 내 잘못을 고백할 수 있는
용감한 마음이 없다면,
쇠 수세미로 박박 문질러내는 밑바닥으로부터의
결백, 정직이 없다면
절대 타인의 시선으로부터 자유로워질 수 없다

진정 나를 사랑한다면

오늘 낮에 있었던 그 사람과의 일을
한번 참회해 보시라

두 팔이 버들버들 떨리지 않아
내 손으로 따박따박 밥 떠먹음에 감사하라
예전에 내가 뭔 병이 들어
팔다리가 벌벌 떨린 적이 있어
숟가락이 제 맘대로 놀았다
지금은 그러하지 않음에 늘 감사한다

풀씨

인생행로에 행패 없는 놈이 몇이나 되든가
풀씨마냥 흙을 찾아 떠돌아다니고만 싶은
인간의 난감한 종자더러
돈만 벌어오고 아무 짓도 하지 말고
안방구석에만 찡 박혀 살라 하니
별별 행패가 다 나오고 말고
어쩌겠나 사람 수컷으로 태어난
니 업, 내 업인데!

그렇다고 마냥 허공중에 풀어헤쳐 둬 봤자
어떤 누가 행복할 것이여 말 것이여?
끝판에는 서로 쪽박 차는 겨
버려진 서방은 고독사하고
새끼 마누라는 바닥을 훑어가는 가난에 들 것이라
그러니 초장에 조져 놔야지
여자나 남자나 피차 무서운 구석 하나는 있어야
서로 조심히 한다는 것이여
초기대응이 그래서 중요한 것이지
초장 박살
일생 평탄

의논스런 너희 둘은 빼고

제2부

기준

사람이 한 세상 살아간다는 것은
무작정 살아가는 것이 아니라
옳고 그름을 분별하는
기준이 있어야 한단다

그래서 나는 누가 내 뒤통수에 대고 내 말을 했다고 해도
그 사람의 정도에 따라
그러니까 옳고 그름을 분별하느냐 못하느냐에 따라
맘에 두거나 맘 밖에 두기도 한다
말하자면 내 상대가 되냐 안되냐를 기준으로
그를 상대를 해주거나 아니면
계속 그리 살게 방치해 버린다 ㅎㅎ
나의 교만

백팔 참회

우리가 참회할 것이 108개뿐이겠는가
오만五萬-퍽 많은 수량-가지 생각을 하고 산다는데
그 중에 옳은 생각은 몇 날이나 되겠는가

어느 동지섣달 밤
백여덟 가지로 참회해야 할 것을 새겨들으며
백팔 번 절을 한 적이 있다
절은 나를 낮추고
상대를 존중하겠다는 뜻이라
나는 어떤 맘으로 여태 절을 하였던가를 새겨보며

나의 상대
내가 접촉하는 모든 생명
사람은 물론이고
저 나무에서 지저귀는 새
저 뻘에서 뒹구는 짱뚱어까지도 내가
받들어야 하는 존재이니
내가 새소리 좋아 산으로 가지만
그 울음은 적으로부터 새끼를 살려보겠다는
숨가쁜 울음일 수 있고
눈만 허옇게 뒹굴거리는 짱뚱어도 맨날 그리
진흙 팩을 하며 농땡이 치는 것이 아니라

썰물 때는 밀물로 꽉 메워진 보금자리를 청소하려
수없이 입에 흙을 품어 굴 밖으로 뱉아내고 뱉아내고
지치도록 뱉아내며
사람과 꼭 같은 힘든 생을 살아내는 것이라
어떤 것의 목숨도 내가 함부로 할
가벼운 것은 없다 하니

내가 그 밤에 움직이기 싫은 게으름을 털고
몸을 움직였다는 것이 <u>스스로</u>
대견하였도다 ㅎㅎ
그 중에 더욱 뇌리에 꽂히던 한 가지
  중요한 일은 발설치 않는다
내가 그 말씀을 크게 명심하오리다만
나도 나를 믿을 수가 없으니

개만 같아라

아침에 늦도록 일어나지 않는 내 사위
직업이 엔지니어인지라 말 안 듣는 기계로
숱하게 애도 먹을 것이라
그러나 세세히 고충을 말하지 않는 애환정도는
내가 지레짐작하여 휴일 아침은 누구라도
두드려 깨우지 않는다
아들이고 며느리고 간에
오직 내 서방만은 두드려 깨운다
제때 깨워주지 않는 슬픈 소외감이 남달라 ㅎㅎ

모두 저 좋은 시각에 일어나 각자 식구를 각자가 챙겨
먹이고 먹고 하니 우리 집은 말하자면
독립채산제이다
지 서방은 지가 챙기는 것이다
시어미가 영감 챙기고 며늘이 아들 챙기고
딸이 사위 깨워 서로 차려 먹이는 휴일
그러니 내 며느리는 늦은 밥을 먹는 시에미를 위해
성가시게 따로 상을 차려본 적은 없다
내가 일생 상 차리는 일이 넌덜머리나는데
누가 내 밥상 차려주길 바라겠나
내 손으로 후딱 먹어치우고 말지
하여간

오락가락하는 문틈으로 보리가 엿보이는 것이라
저만치로 누워 자는 사위의 머리맡에
우리 보리가 신령처럼 거룩하게 앉아
고단한 영혼을 지켜주는지 어떤지
일어날 때까지 그러고 있는 것이다
베란다에 나가 오줌을 싸고 들어와서도 다시
머리맡에 앉는 것이다

뻑하면 개를 낮잡아
개똥 개나리 개상사화 개새끼 개판 거떡...개차반으로
말이 많은데
니들보다 한참 잘난 동물이여
저 보리를 보면서 내가 많은 사랑을 배운다

대가를 논하지 않는 사랑

세 가지 지랄

남자에게는 세 가지 지랄이 있다네
　기집질
　노름질
　술지랄
지랄 – 변덕스럽고 함부로 행동함
질質 – 사람의 됨됨이를 이루는 바탕

그 갖가지 지랄들이 한때라고는 하지만
사실 한때가 아닌 경우가 더 많다
평생 그 지랄하는 눔덜 수두룩하다
내 아는 어떤 남자 하나도 젊었을 때부터 하던 지랄을
일평생을 하고 있어 내가 보다보다 속이 터져, 왜냐면
그 곁에 붙어사는 여자의 삶이 일생 허술하고도
퍼서그리한 것이 안타까웠지 내가
–늙어 꺼풀 밖에 남지 않은 아내에게 이제 한번쯤
　측은지심이라도 내어봐라, 이 인간아!
왜냐면 그 아내는 그 때 큰 수술을 하여 후유증으로
수족이 맘대로 돌아가지 않는 형편이었는데
남자는 계속 바깥에다가
늙어서도 아랫도리 기운이 꺼지지 않는
먼 쌍년 하나를 붙여 어른어른 오락가락하니
그 아내가 한 울타리 안에 살면서 알은 척도 모른 척도

할 수 없는 불면에 식욕부진의 나날이라 차라리
눈앞에서 절로 꺼져버린다면 퍽 좋을 남정네인데
술을 먹고 세면대에 머리를 깨어 피를 내면서도
명은 또 질긴지 죽지는 않아 그렇다고
내가 나서서 죽여 놓을 수도 없었지

그 지랄이 먼 벼슬이라고
상을 엎어버리고 살림을 깨부수며 하는 사이
깔고 앉았던 부랄이 무인지경에 다다르기 전에
강단 있는 아내는 일찌감치 집을 비워버린다
물론 옳은 인간을 만들어 우짜든동 함께 살고 싶었지
재기발랄하던 아내를 어떤 일에도 반응치 않는
장작개비로 만들어버린 공로로 이제
불 꺼진 냉골서 고지서 독촉에 시달리며
쭈그러져 사는 놈들 구석구석 많고 많아

내 입만 아프지 뭐

오지랖

경기가 안 좋으면 사람들이 사업을 열었다가
문을 닫고 또 닫고 하니
자연히 간판을 바꿔 다는 사업이 불처럼 일어나
꺼지는 경기에는 반비례하는 성싶다
내가 아는 사람도 요새 수입이 엄청스러운지
살림 불어나는 소리가 귀에 들리더라

대망의 꿈을 꾸며 가게를 새로 빌어
대목수를 불러다 크게 인테리어를 하고 있는
곧 신장개업 할 집 앞을 지나노라면 내가 걱정이다
잘돼야 할 거인데, 어찌 될지도 모르는데, 너무
공사를 벌이는 것이 아닌가
남의 집에 저리 갖다 처발라 어쩔거나…
어느 날 손님의 편의를 잘 챙겨 꼼꼼히 지은 듯한
식당에서 모임을 했다
그 주인도 얼굴이 맑고 윤기가 도는 만치 손님에게도
보기 드물게 상냥했고 방 한 컨엔 코트를 벗어 걸 수 있는
장롱도 배치되어 있었다
또한 요즘 찾아볼 수 없는 따끈하게 끓인 물을
주전자에 담아 내놓았으며 화장실 출입이 수월하게
꿰기 쉬운 슬리퍼 두 켤레도 따로 준비를 해두어
참 기분이 좋았다

마구 팔아먹고 나면 그만인 세상에 귀인을 만난 듯하여
쥔 손님 간에 서로가 공감이 잘 되고 있었다
그런데 식사를 하기 시작하며 음식이 계속
짜다는 생각이 들었고 일행도 다 그렇다 하니
튀김에 간장이 따라 나오지 않는 이유도
주인이 설명을 해 주었다
이미 간이 맞춰져 있다는 것이다
튀김도 역시 짜다
그러니 간장은 당연히 필요 없겠다만
하여간 짜지 않은 건 식혜뿐이었다
곁에 친구가 두 번은 올 것 같지 않다고 말했고
나도 동의했다
그러고 보니 그 너른 공간에 우리 외엔 손님이 없었다

나는 내내 신경이 쓰였다
저렇게 손님을 배려하는 마음을 가진 사람의 식당이
잘 나가야 마땅할 터인데
아무도 음식이 짜다는 말을 않고 그저
담에 안 오면 그만이지 뭐 해버린다면 어찌 될 것인가
전철을 타고 가던 중에 그 식당으로 전화를 걸었다
—아, 사장님이세요?
　좀 전에 식사하고 나온 그 팀입니다

이렇고 저렇고 해서 외람되이 전화했단 말을 했다
-아, 예, 사장님 불러드리겠습니다
그런 얘기가 속 편하게 두 번 할 얘기도 아닌데
실컷 듣고 나서 그제사 사장을 바꿔주겠다니
언 눔이고?
그리고 사장되는 이에게 같은 얘기를 되풀이하고 끝으로
미안하다고 말하니 그이가 반색을 하며
얘기해 주셔서 너무 고맙다고
당장 직원회의를 하겠다 하여
사실 내가 더 고마왔다는 것이다

나는 얘기해 주고 싶다
전에도 백화점 안의 어떤 음식점에 가서 식사를 했는데
양고기의 역한 냄새 때문에 식사를 한둥 만둥 나온 적이 있어
그때도 그 주인에게 말을 해주고 싶었다
그렇지만 내가 아무리 강심장이라 해도
그 받아들이는 사람의 맘이 어떨까 걱정이 되니
그냥 아쉬운 맘으로 물러났으나
그 뒤에도 역시나 사람 하나 없이 파리만 날리고 있었다
아니, 이 각박한 도시 어디에 감히 파리가 남아 있을까마는
아무도 말을 안 해 주는 것이었다
왜 손님이 안 들지?

어리둥절할 주인
적자에 시달리면서도 임대기간을 계속
지켜줘야 하는 입장은 아니었을까

하여간
오늘 나는 그 전화를 해주고 나서
저으기 맘이 놓였다

사람 하나 기사회생 한다면…

가르침

내가 초등 저학년이었을 적이던가
그러니까 50년도 더 된 일이네
그날은 내가 딱히 돈 쓸 곳도 없었지 싶은데도
눈앞에 돈이 놓여 있어 견물생심
약을 팔던 우리 점방의 부일금고에서
천 원권 한 장을 날래 집어 팬티 속에 감추었다
그런데 엄마가 어찌 알고 웃으며 다가와
요놈이~ 하면서 내 몸을 훑어 바로
돈을 찾아내는 것이었다
나는 무안할 여가도 없이, 잘못을 인식할 겨를도 없이
그것으로 그만이었다
나무라거나 훈육하지 않았다
돈을 제자리에 두는 것으로 끝맺음을 한 것이다

극히 가벼운 일을 크게 놀라거나 부풀려서
누구를 야단하는 것은 결과가 좋지 않을 것이다
아이 자신이 죄책감을 가질 것이고
널려있는 빵 한 봉지 훔쳤다고 기어이 엇다가 신고하여
고발정신을 발휘할 것도 없을 것이다
그런 심정을 짚어 빵을 하나 더 찔러주며
배고픔을 이해해 줘야할 것이다
그렇지 않으면

이 세상에 나를 사랑해 주는 사람은
어디에도 없구나 싶어

두고두고
세상에 복수하려 할 것이다

존재의 이유

가수 김종환의 노래 존재의 이유를
다시 들어본다
음의 높낮이하며 미세하게 늘어나고 죄어드는
마디마디의 강약을 익혀보는,
나도 말하자면 무명의 숨은 광대가 아닌가

김종환 하면 그의 특수한 광대뼈 골격이 떠오른다
그쪽으로 콘테스트가 있다면 당연 그가 일등일 것이다
그리고 가족에 대한 절절한 애정의 가사가 사무쳐
가족 사랑에도 일등인 남자
그가 소싯적 서울 어디 한일다방에서 자신만의 독특한
디스크자키 활동으로 그 다방에 사람이 끓어 넘쳐
매상이 만만치 않았다네
한 귀여운 아가씨를 거기서 만나 혼전 임신을 했고
먹을거리가 없어 강원도 홍천 처가에다 처자식을
떠맡겨놓고 가뭄이 드는 음악을 하며
살아볼 궁리를 했다는데
음악이나 뭣이나 다 녹록잖은 고생 없이
어찌 빤한 빛을 본다냐
처음 길거리 리어카에서 흘러 나가던 존재의 이유는
음색이 너무 칙칙하다 하여 방송에 들이대어도
번번이 퇴짜를 맞다가

하여간 어찌어찌 번쩍 뜨긴 떴다
내가 쓰는 이 글도 그랬으면 좋겠다

그 가사에서의 존재의 이유는
　니가 있어 나를 존재케 한다
저 먼 어디서 나를 걱정하며 지켜보는 사람이
있다는 거 아니여
희미한 별 하나 나를 향하여 오래 비추인다니
강원도 홍천의 춥고 고생스러울 아내
니가 그걸 어찌 아시나?
사람 힘들게 사는 거야 다 거서 거지 뭐
하여간
책임도 지지 못할 아를 덜썩 낳게 하여 친정에
처자를 엎어놓고
그래도 친정이 있다는 게 어디냐
갈 곳 없는 막막한 신세들도 많은데
장모사 속이 터지든 말든 ㅎㅎ

내 존재의 이유는 그러면 뭣일까
이왕에 받은 목숨 한 낱을 남기지 않고 닳고 닳혀
끝까지, 말끔히 소진해버리고
찌꺼기 하나 남기지 않는 해탈에 들거여

해탈이라는 말을 그리 마구 씨부려도 되는 것이여?!
아, 꼭 그리로 찍어 붙이면 야박하지
그런 맘도 못 먹을까 보냐
저 계곡을 흘러흘러 내려가다 그만 급물살 만나
삐죽 솟은 바위를 훌쩍 올라탄 고목처럼
오뉴월 염천의 햇살에 터지며 억수장마 견디며
사는 끝 날까지 껄끄러운 내 운명과 겨루다
때 되면 순간에 비상할 것이여

내 순수한 갈망이여 흐!

남과 북

티비 화면에서
윗대의 두 선조와 같은 모습으로 띠룩띠룩 살을 찌워
뒤뚱뒤뚱 둔한 걸음걸이의 독재국가 군주를 보았다
저리 살을 찌워 몸뚱이 어디가 탈이 안날까
그것도 뒷모습으로 잡힌 화면
마침 베트남 하노이의 북미 회담이
소득 없이 끝난 시점이라
그 사람의 모습이 참 간절하고
처절해보였다

아, 저 사람이 이젠 더 이상 인민을 속여먹을 수도 없는
유리처럼 투명한 세상, 인터넷이 문어발처럼 터진 세상을 맞아
강철 김밥의 옆구리도 여기저기 지지직 벌어지니
얼마나 고심이 많으랴
어쩌다 그 두터운 업을 지고 태어나
작금에 저리 비지땀을 흘리며 세상 똥고생을 다 한다니
우짜든지
여력 있는 사람들이 명분을 잘 깔아주어
이 존 세상을

함께 살아가게 해야제

이방인

내 살아가는 주변
키 큰 나무 아래 찰방대는 물소리 있다면
그보다 좋은 일은 없겠다
귀여운 빗새들이 맞은편 왕버들이나 푸른 대숲으로
홀연히 깃드는 저녁
빗새 – 무리 지어 나무를 향해 재빠르게 몸을 감추는 작은 새
커다란 달덩이가 빼곡한 아파트 사이를 퉁 밀치며
성큼 돋아 오르는 뭉클한 광경
그 아래로 가르마 같은 산책길을 한참 따라가는 시각은
마구잡이 엉터리인 나를 말쑥한 사람으로
간추려보는 시간이다

눈부신 낮에 그 길을 걸어본다면
수많은 사람의 표정들과 마주치게 된다
사실 나는 사람의 얼굴을 그리 빤히 쳐다보지는 않아
사람의 얼굴을 딴 사람보다 거의 기억을 못한다
하여간
그 지나가는 사람들 중에서
—아, 저 사람은 오늘 안으로 죽어버릴 작정은 아니겠지
감당할 수 없는 삶으로 거렇게 말라드는 얼굴
오늘은 내가 너무 세세히
사람을 바라보는 게 아니던가
그래서 내가 뭘 어쩌겠나

삶의 함정에 빠진지 얼마 되어보이지 않는
조금 불안한 얼굴도 만난다
왜냐면 그 걸친 청회색 바바리코트가 아직 현란한
비즈로 남아 있다는 것이다
그렇지만 그런 코트를 걸치기엔 너무 싸늘한 날씨
갈 곳도 없고 호주머니에 돈도 없다
그리 떠돌다 떠돌다 어느 바람벽에 서게 될지는
아무도 모른다
경전철이 소리 지르며 달아나는 고가다리 아래 기대어
예전엔 미처 몰랐던 장소에서
장기를 두는 사람, 자전거를 타며 바람을 가르는
평범한, 가난한 사람들의 너무나 행복해 뵈는 일상의 곁에
생판 이방인으로 서있는 것이다
나는 그에게 다가가 뜨신 국밥이라도 한 그릇 드시라고
외람되게도 돈 일만 원을 건넸다
그런 받음을 모르던 남자는 어색했고
나도 곧 떨어져 나왔다
내가 뭘 어쩌겠는가
다만 오늘 한 끼를 내가 감당해주고 싶을 뿐
그것으로 끝이다

참말로 용감한 저 여자

생명

조기의 배를 따는데
뱃속에 노란 알 가득하다
아, 새끼를 치려 하였구나
전복이 해초 자락에 붙어
근근이 움직이며 안간힘을 쓴다

곁에 있던 며느리에게
주워들은 법문을 풀었으니
-세상에 죽고 싶은 생명은 없다네
  그러니 남의 생명을 끊어먹은 사람은
  늘 속죄하여 바른 생각으로 살아야다네
-아, 그런가요, 어머니~

왜냐면
불교는 모두가 깊고 어둡다는 생각들이니
이렇게 쉬운, 틀림없는 가르침이 있다는
부뚜막 전도 ㅎㅎ
내 자식들이 어떤 생명이라도 소중히 하며

잘 살아주기를

백겁인연

부부로 맺어지는 인연이 그리 지중하다는데
그 무엇이 어떻게 지중한지
그 사는 꼬라지들을 보면 어쩌다가 사람으로 태어났을꼬
회의만 들지
사람, 그 중에 여자는 더욱
혼인한 삶이 첨부터 매우 황당하여
모든 사람들이 다 그리 사는 줄을 알다가
좀 시간이 지나가면서 내가 참 드문 인간종자를
만났다는 걸 비로소 알게 된다
그때는 이미 물릴 수도 없는 지점으로 들어서서
보채는 얼라도 하나 딸린 것이다

하얀 창호지를 새로 발라두면 쥐어뜯어버리고
풀 먹여 하얀 호청 시쳐놓으면 비오는 날 젖은 마당에다
이불을 내동댕이치던 옛날의 그 호로 새끼들
지금도 그 유전인자들이 계속되고 있으니
마누라가 그 회오리에 행여 망가질까 품에 꼭 껴안은
딸년의 머리카락을 채어 끌박으며 아내에게 갖은
고통을 주는 것이다
호로새끼胡種子 - 본데 없이 마구 자란 종자-
온전한 거는 하나도 남겨두지 않으려 하는 것이다
어리석고 어리석어 깨부수는 그것들이 바로

지 인생인 줄을 몰라
사실 지가 무슨 지랄을 하는지도 모르고
그 이유는 더 모른다
어떤 애비가 그리 본을 보이며 가르쳤거니
내가 미루어 짐작은 해본다
애비가 에미를 보고 씨발년, 씨발년 욕을 해싸니
아새끼도 자라나며 제 에미를 보고 씨발년, 씨발년—
에미 이름이 씨 발년인 줄로 아는지 끌!

그러다보면
옴나위 없는—돈이 말라 겨우 꼼짝할 만치만
움직이는—삶을 간신히 살아간다는 것이다
여자는 굽이굽이 울며불며
아이들이 빨리 크기만을 기다리며
저 남자가 빨리 늙어버리기만을 기다리며
입치레를 하겠다고 바깥을 나가보는 것이었다
내가 알던 그 여인은 지금 어디서 행복하게 살고 있으까
얼마나 칼칼하고 쾌활한 여성이었던지
이제 그 남자는 죽었을까

사내가 마구 두드려 깨는 집구석은 예나 지금이나
돈에서 씨가 마르는 공통점이 있다

희한하지 않은가
아니, 당연하지 않은가
여자의 알뜰한 살림의 타산법을 날려버리는
그 대가가 크다

세상에 힘든 일

그래서 또
나는 생각해 보았다
이리 생각을 많이 하니 내가 어찌
두통이 가실 날이 있겠더나

불교의 교리가
들면 들수록 밑도 없고 끝도 없고
한도 없고, 가장자리도 없는 것인 이유는
역시나 끝이 없는 사람의 마음과 함께 가는 것이라
욕심도 끝이 없고 선한 마음도 끝없이 낼 수 있는,
한계가 없는 마음이라
그런 우주적인 설법이 나올 수밖에 없는
종교일 것이라는 걸 내가 이즈음 겨우
알아채고 싶은데 사실이 그러하겠지
그 수미산만치 멀고도 높은 교리의 최남단 아랫도리에서
깔짝깔짝 더듬고 있겠지

그렇다면
그런 광대무변의 이야기를 이 아둔한 아랫것들,
비좁은 지 마음속에 갇혀 사는 insider들이
어찌 알아먹긴 한단 말이가
사실 죄다 갓 태어난 원형질 정도의 식견에 머물러 있으니

거죽만 속절없이 늙어간다는 것이다
그리고 그 너른 곳으로, 가없는 우주의 끝을 향하여
우리가 짐작해 볼 수도 없는 수행으로 그곳에
도달해 보시려는 outsider
인간의 삶이 끊임없이 변한다는 무상無常
무상이 어느 집 개 이름인 줄 아는 중생을 가르쳐보려는
일이 얼마나 지루하고 지난할 일일지는
우리가 조금은 짐작이 되어
열반에 드실 땐 모든 분이 하시는 말씀이
한 중생도 구제한 바 없다는 실토를 하고 만다니
당신의 업적을 가소로이 여기시는지
인간을 가르치는 일이 세상에서
젤 힘들다는 말씀들이신지
우리가 자식을 가르치려할 때 얼마나
생 부아통이 터지려 하던가
그러니 우리들에게 그 한 수를 가르쳐주려는 일이
그와 같을 것이라
마음이 치밀히 내통하지 않으면 건넬 수 없는 것이라

그래도
삶이 오르내려 곤두박질하는 무상의 진리가 있어
인간이 더러더러 희망을 갖고 살아 볼 수 있을 것이니

가난한 사람도 어쩌다 부자가 되어버리고
아픈 사람이 병을 싹 씻어버리기도 한다
늘 가난스레, 아프게 살아라는 법이 없다는 것이다
늘 어리석은 삶만 사는 것도 아니라서
급작시리 한 수를 깨쳐 영 다른 사람이 되어버리는
경우도 있다는 것이니

무상은 사실 좋은 것이여~

까막눈

얼마 전 티비를 뒤지다 우연히
더 리더, 책 읽어주는 사람이라는 영화를
다시 보게 되었다
그녀는 아우슈비츠에서 유대인을 감시 감득한
이력이 있었고
지금은 전차의 차장으로 살아가는데
이제는 전쟁이 끝나서 조금 안정이 되어가는 시절이라
전쟁의 책임을 묻는 일에 전 세계가 착수하는데
그녀도 소환되어 오는 것이다
교회 안에 유대인이 잔뜩 갇혀있는데
공중에서 폭격이 쏟아질 때
왜 교회 문을 열어주지 않았냐고
그 안에 사람을 다 죽게 했었냐고 심문을 당한다
그리고 상부에다가 생존자가 없다는, 몰살에 관한
적극적 의견의 보고서를 써 올렸다는 것이다
그녀의 대답은
그 불이 붙고 터지고 죽어나는 혼란의 와중에
문을 열어주었다면
다들 위험의 중심으로 나설 것인데 어찌 문을 열 것이며
또 그 사람들이 통제가 되겠느냐고
어찌 하나라도 살릴 수가 있겠느냐고
물론 그 대답이 문제가 있긴 하지만 자기로서는
최선의 생각을 했다는 것이다

이 시점에서 나는
늘 부처님께오서 말씀하신 시절인연이라는 말이
떠오름을 감추지는 않을 것이다
코미디언 같은 콧수염 인간의 왜곡된 마음이 미쳐서 나대는
공교롭게도 같은 시절을 살게 되어
그 수용소에 일자리 하나를 얻어 밥벌이를 했는데 그것이
나중에 문책을 당하는 것이다
모진 늄 곁에 서있다 벼락 맞은 꼴

그런데 그 판관들의 말은 당신이 적극적으로
그런 치밀한 사건의 보고서를 올렸다는 것이다
보고서 올리지 않는 관공서가 어디 있나
누가 올려도 올려야지
그러면서 그 몇십 년 전의 보고서의 필체와
여자의 필체를 대조하기 위해
하얀 종이와 펜을 여자 앞에 밀어 놓는다
여자는 잠시 펜을 바라보며 망설이다가
자신이 그 보고서를 올렸다고 진술하는 것이다
그리하여 단순가담보다 죄가 무거워져
무기징역을 받는 것이다

사실
여자는 글을 쓸 줄 몰랐다

법정에서 글을 모른다는 말을 아무에게도 못 한 것이다
무기징역은 대체로 시간이 흘러가면서
이십수 년 정도 살고나면 출소를 한다고 한다
그녀 역시도 30대에서 60이 넘은 나이가 되어
세상바깥으로 나올 수 있는 시점에 그만
감방에서 목숨을 끊고 만다
안이나 밖이나 같은 세상이지만
이십여 년의 시간은 세상을 한참 낯설게 하여
그녀를 맞아주는 아무것도 바깥에는 없다
가족도 자식도 일도 집도 친구도…
슬픈 영화였다

이쯤에서 내가 또 문제를 제기하고 싶지
젊음이 사라져 식은 재처럼 폭삭 꺼져버린 사람을
실컷 붙잡아 두었다가 형기가 끝나버렸다고
밖으로 내보내는 일이 과연 정의인가
냉정한 행정편의인가
수감자가 원한다면 죽을 때까지 재우고 먹이고
입혀야 하지 않을까
그 깜깜한 바깥세상, 따라잡을 수 없이 변해버린
세상 어디에 발을 디밀 수 있겠는가

까막눈2

글을 배우지 못해
흰 것은 종이요 까만 것은 글이라는 정도만을
인식하는 사람은 지금도, 어디에도 있다
지금 이 시대에 내 친구들 중에도 글을 몰라 어렵사리
한글 강의소에 등록하여 이제야 까만 것의 내용을
읽을 수 있게 되어
신천지를 만나 새로운 삶을 산다고 했다
남편에게도 오래 숨기며 살아
그런 사이에 남편과의 엇박자도 수월치 않았다고
남편은 아내가 글을 모르는 줄을 모르고, 아내는 남편에게
그런 내색을 않아
웃지 않아야 할 데서 따라 웃거나
미처 못 알아들어 어리둥절 갑갑하여
속이 터질 때도 많았다고

남자 중에 잘난 가부장은 등기서류나 이혼장을 자세히
확인하고자 하는 아내에게
—보면 알고?
퉁박을 주는 사람도 있어
무자비한 상눔이여

글을 제때 배울 수 있었던 내 인생에
감사!

보이스 피싱

목소리로 낚시하다
거짓부렁으로 남의 돈 빼먹다

어느 날 수화기로 전해오던 서늘한 목소리
-국제전화입니다!
-빡큐!

국제어로 날렸다

급작스런 죽음

그런데 사람의 죽음은 참으로 갖가지라
그 급작스런 죽음 중에는
영 엉뚱한 안타까운 죽음이 있으니
잔뜩 늙어 마땅히 죽음을 맞이할 나이가 아닌 경우도 있어
근세의 그 대표적인 분이 김구 선생님이 아닌가 싶으다
이 가난한 나라의 독립을 바라고 또 바라며
임시정부의 집세가 모자라 이곳저곳으로
거처를 옮겨 쫓겨 다니며
제대로 먹이지 못한 자식의 죽음을 맞게 되고
안사람도 없는 자식을 따라 남의 나라 구석구석
노구를 끌고 다니시던 어머니의 무덤을 그 중국
어느 공동묘지에다 버려두고 귀국하여
이제 좀 이 나라의 미래를 제대로 구상하려는 시점에서
터진 찰라의 죽음
온 국민이 상복을 갖춰 입었지

그리고
저 사람이 제발 좀 행복해졌으면 좋겠다고
전 세계가 애잔하게 바라보던 와중의 애달픈 죽음이 있으니
영국 다이애나 비妃의 교통사고
두 사람이 아닌 세 사람으로 시작했다는 결혼생활
황태자의 옛 애인까지 끼어 넣어
세 사람으로 시작된 신혼생활이라 하니

그러니까
그 황태자가 싹뚝 잘라버리기엔 너무 아까운 예전의 연애를
정리 않은 채 혼사를 감행했다는 것인지
이유야 어떻든 내 생각으로는
무책임하고 비겁한 인사임에 틀림없다
새로운 인생항로에 드는 꿈을 꾸며 결혼을 하는 여자에겐
재수에 썩바리 같은 옴이 붙는 일이다
늘 찜찜한 의심이 드는 젤 더러운 기분
그녀는 그 서방도 남방도 아닌 양다리 곁다리 서방을
걷어차 버리고 행복을 거머쥘 수 있는 목전에서
그리 허망하게 세상을 날려버린다 끝!

그리 파파라치 쇠파리들이 쫓아온다 해서
그게 어디 겁나게 달아날 일이었을까
내 일생의 행복이 걸린,
여태까지의 굴욕과 모욕을 만회할 시점
나 같았으면 지들 앞에 차를 떡하니 세우고
수고 많으시다 농담도 건네어,
잘 좀 찍어보라 포즈를 잡아주며
그들의 노고에 잠깐의 휴식을 선사할 것인데

일찌감치 달려가 팁tip 하나 찔러주지 못한
내 탓이여

반야바라밀

반야 바라밀
지혜의 완성이라는 뜻이다
앞에서도 말했고 지금도 말한다 왜?
그만치 반복적으로 말을 해야 할, 반복하여 들어봐야 할
인생살이 젤 중요한 낱말이다
지혜, 어리석은 짓을 않는 것
예습에 복습 재탕 중탕 거듭해도 듣는 눔의 둔한 쇠귀는
워낭소리에 홀려 자꾸 엉뚱한 소리만을 듣고 있으니
꿈에서도 손아귀에 꼭 거머쥐고 있어야 할 말씀이다
워낭 - 소의 목에 매달린 방울

지혜를 갖추게 된다면 그것은 삶의
따끈함으로 다가서는 길이라
근심이 많이 사라질 삶이 될 수 있다하니
선각자들의 말씀의 결론은 죄다
지혜를 갖추라는 이야기로 마무리된다
헛다리 짚어 코피 줄줄 터지는 짓이 모두
지혜를 갖추지 못한 어리석음 탓이라
남의 것을 탐내고 질투하는 것이 어리석음의 시작이니
그것을 뺏으려고 사람을 돌로 찍어버린다면
그 사람 생도, 너의 생도 끝이 나버리니
피 묻은 돌은 삼켜버릴 것이던가

곧 똥으로 나와 너의 죄를 발설할 것이다

그러니
어리석은 짓을 하지 맙시다

적화통일

　적화통일이 되면
　탈북자는 다 총살하고
　땅도 집도 모두 뺏들어 간다네
이 어마무시한 말의 공통적인 끝말은
다네 카네 카더라-이다

국가를 운영하는 중심의 회의에서
직접 내 귀로 들은 것이 아니라는 것이지
나나 당신이나 어디 숨겨둔 땅이 있나요
겨우 집 한 채 그거?
근데 누가 어떻게 적화를 한답디까
이쪽은 뭐 두 손 재배하고 있을까요
지상에 단 하나 남은 고달프고 외로운 집단

이런 나라의 틀어지는 꼴을 역부족이나마
바로 잡으려하는 사람들이 바로 머리가 아파 터지려는
정치인들이 아니겠는가
물론 말단에서 정책의 본래 의도를 소상히, 제대로
아는 자는 없겠지만
이 나라에 오래 붙어살고 있다면 그런 흘러 다니는 말들이
어떤 부동산정책인가보다 정도로
생각해 볼 수 있을진대

우리 집을, 땅을 다 뺏아 간다니
아, 저 넘쳐나는 부자의 부동산이야 뺏기든 빼앗든
내 알 바 아니지 않은가

그런데 내 말은
왜 그 좋은 통일을 해보겠다는데,
사실 그 시점이 언제일지도 모르는 불투명한 상황에서
잘 될란가 어쩔란가 염려나 후원은 못한다손,
생판 남의 일에도 기운을 보태어 줄 일일진대
통일이 그리도 싫은 이유가 뭔고
이북으로 올라간 예전 그 빚쟁이가 아직
생존해 있다는 말인가
아, 통일이 되면 논스톱으로 봉고차 몰고 올라가
피양 랭면 곱빼기로 허기 채우고
저 블라디보스톡을 거쳐 러시아 본토로 들어
그 시퍼런 지상의 별 바이칼에 냄새나는 발을
뿌득뿌득 씻고 깨끗한 양말 갈아 신은 후
가속을 더하여 그 너머 유럽으로 딛고 올라가
메이드 바이 밀라노 패션으로다가 하나 꿰신고
회전목마도 타며
곁에 앉은 금발과 하룻밤 소문 없이 연애도 하고…하여간
무궁무진한 로맨스, 낭만이

지들 앞에 당도할 것인데

그나저나 내가 그때까지
살아있어야 될 거인데

단 한방

단 한방을 기다리다
단 한 번의 인생이 헛방이 되어버리는 사람
많고 많다

노심초사 안달복달 가신가신 될 듯 말 듯
책상다리에 매달려 당장 걸어보라 다그치는 것이다
그러할 꺼리나 이유를 만들어놓지 않고
날로 먹겠다는 것은
구름에다 창호지 문을 걸겠다는
허황된 일이다

바닥부터 다져라

해답

문제의 해답은 의외로
내 가까이 있는 경우가 많으니
밤새도록 멀리 멀리로 가 봤자
해골만 아프지

어느 날
내 언니가 얼굴이 안 좋아 뭔 일있냐고 살짝
물어봤더니 아니나 다를까 속이 상해 밤잠을 못 자
요새 병원을 다닌다고 했다
시집간 딸과 별 아닌 걸로 다투어 언쟁이 오고 가
괘씸하고 분한 마음이라도 엇다 대고 말도 못하고
몸이 아파 저승길목을 오락가락 하는 중이라고
거기다가 너무 속이 상해 뭔 일인가 알아보려
점占집에를 갔다고 하니
내가 크게 웃었다는 것이다
내 일은 내가 젤 잘 알 것인데 ㅎㅎ

그 점바치 보살이
-아이고~ 자식 키운다 고생은 엄청하고 살았구만
  아무도 알아주지 못하니 맘이 많이 상했네~
그래도 엄마가 먼저 전화해보라는 답을 주더라고
이야기 듣고 있던 내가

―하이구~ 부모 은혜 다 갚고 죽는 자식
　세상에 없다는디
　뭘 크게 바란답니까
이 에미가 평생 너만 바라보고 살았다 말하니
어떤 자식 하는 말이
―아니, 세상에 얼마나 볼 것이 많은데
　나만 보고 살았수?!

나도 점바치와 꼭 같은 답을 주었으니
엇다가 멍석을 깔아야

제3부

최신유행

세계를, 대한민국을 확 쓸어버리던 획일적 유행
그나마 한 2년 후가 되면 그런 시간이 있었더냐는 듯
판매자는 물론 매입자 서로 간에도
싹 안면 몰수하여
도플갱어마냥 천지로 걸쳐지던 유행은
그 어디서도 찾아볼 수 없다
도플갱어doppelganger – 꼭 닮은 사람, 꼭 같은 물건
저 여자와 꼭 같은 거 하나 꿰고 걸치지 않았다면 내가
센스 없고 돈 없고 시대에 벗어난 사람이 되어버리는 듯한
가난하고 소외된 마음이라
세상 여자들이 전부 쌍둥이가 되어버린다
그러면서도 막상 서로 마주치면
–어이 씨, 재수 없어!

전 세계를 물고 흔들어 한바탕 팔아치우고 나면 그만인
먹튀가 아닌가
돈을 왕창 걷어 먹고 튀어버린다
한 20여 년쯤, 한 세대 지나려나 싶으면 다시
슬쩍 돌려보는 게 유행이라는 것이다
돈벌이의 수단, 상술이다

너무 협조하지 마라

음덕

음덕 – 남에게 알려지지 않은 덕행

음덕陰德-남에게 알려지지 않은 부인의 덕
음덕蔭德-조상의 그늘로 자손을 돌보아주는 덕, 조상의 덕
양덕陽德-남에게 알려지지 않은 남자의 덕
보통 양덕이라고 말하는 경우는 거의 없고 음덕이라 하여
알게 모르게 그 사람의, 이 우주의 그늘 아래서
여러 보이지 않는 덕을 보며 사람이 살아간다는 말이다
하늘이 있어 새가 맘껏 날아다니고
물이 있어 사람이 목을 축인다니
나 혼자 잘나서 내가 잘 사는 것이 아니고
주위의 보이지 않는 모든 도움을 받으며
오늘의 내가 존재한다는 말이라

그런데
혹간 남자들은 자신의 벌이로 모든 식구가
먹고 산다하여 그리 집구석에 오면 유세를 떨고
괄시를 하니 그럼 나머지 식구들은 죄다
하나 소용없는 해충이란 말인가
돈을 벌어오니 너무 고맙고 가엾게도 생각되어
쌀을 팔아 소금을 팔아 익혀주고 간을 맞춰 한상 차려
내어주질 않는가

그것도 날마다 메뉴까지 바꿔주려 애쓰는데
아무리 억만금을 벌어 와도 돈을 삶아 줄 수는 없는 일
자라나는 자식이 있어 웃을 일도 생겨나
삭막한 집안의 생기를 피우는, 말하는 꽃이여 꽃
엇다가 비길 것고
돈 들 구멍도 뻥뻥 뚫어오는 것이 자식인데

그런 서로간의 돌아가는 음덕을 미처 몰라
어지간히들 딱한 소리나 해대면
싸늘한 집안에 사람 온기 하나 없이 홀로
월급봉투만 끼고 사는 홀가분함도
있긴 있겠지~

불사조

사람은 제 인생이 행복하지 않으면
남의 인생도 딱 그 정도로 망가뜨려 놓으려는 심사가
저 깊은 바닥에 마귀처럼
웅크리고 있는 것이다

-내가 그년을 잘 살게 버려둘 것 같으냐?!
늙어버린 수인囚人-감방에 갇혀있는 사람-이 하는 말이다
세월이 그리로 흘렀는데도 아직 용가리통뼈처럼 건재하여
바깥의 마누라를 벼르고 있다는 것이다
-아버지, 나오지 마세요 그냥 거기 사세요
　그냥 거기서 죽으세요!!
　　만약 나온다면 내가 맞은 것과 엄마가 맞은 것 모두
　　그 날 내가 다 때려줄 겁니다

영화 〈그것만이 내 세상〉에 나오는 대사이다
연기의 달인 이병헌씨와 윤여정 외
여러 명연기자들
이 영화는 12세 이상 관람가능인데
조ㅈ이라는 단어가 조하라는 인물의 입에서 몇 번이나
씹어 뱉듯 터져 나온다
말하자면 조ㅈ같은 애비만나 지 인생 조ㅈ되었다는 말이지
그래서 내가

사람들이 무슨 영문으로 그 물건을 가리켜 그리
최상의 비하발언을 하는가…생각해 보았다
우선 거추장스럽고 부담이 된다는 것이지
늘 흔들어 줘야하는 날것이 아니던가
예전에 열린 창틈으로 본의 아니게 눈에 들었던
엄청스런 현장
집중 공세의 삼매경
겁나게 훑어주던 그 시간의 수음
그 물건이 나를 가만두지 않고 늘
들썩거리게 한다는 것이지
그리고 그것이
세상없는 갖은 말썽을 다 일으킨다는 것이지
말하자면
근원을 향한 원망일 것이다
그것으로 인하여 내가 짠한 별을 보게 되긴 되었어도
삶의 보호막 하나 없는 벌거숭이로 내버려진다면
어느 구멍서 욕설이 안 나올까
뭣이 거룩하게 고마울 것인가
도마 위에 올려보면 한 모타리 될까 말까

하여간
헝가리 무곡이나 쇼팽의 즉흥환상곡을

수려한 피아노 연주로 들을 수 있어
나름 호사스러운 시간을 갖게 해주는 영화이다
이런 탄탄한 구성의 영화가 대중에 크게 어필치 못하고
유야무야 되어버린 데는 그 운명의 아슬아슬한 엇갈림이
하필 그 시간에 작용을 한 것이다
실제로 이병헌씨가 그 사랑스런 여인과
분내 나는 웨딩마치를 울리고
허니문에 들었던 그 시간의 근방에서
신방에 몰입하지 않고 서성이던, 결혼할 때
깔끔시리 처리 못한
아까운 과거를 끼고 있던 새 신랑이
그 바깥의 여인에게 날린 문자메시지가
만인에 오픈되는 사고가 터지면서
욕을 바가지로 얻어먹게 된 것이란다
나도 어디서 들은 얘기다
그러면서 영화는 본의 아니게
그 빛을 잃어버린 것이라니
여자들의 입살에 살아남은 남자의 비리는 어디에도 없겠다
그리하여 좋은 영화 한 편이 소문 없이 묻히게 되었다는
얘기를 들었다

정말 조ㅈ같은 영화이긴 하다

웃고 있어도 지랄 같은 슬픔으로 복장이 아렸다
얼마나 무서운 일인가
어긋난 사람 하나 이승에서 엮여 저승길 언저리까지 함께
동행해야 한다는 것은
그런 인간을 용케 피해 갈 수 있었던 우리는 그래도
나름 신의 가피를 입었다는 것인가 ㅎㅎ
이 영화는 가족에게 그런 상처만을 준 가졍폭력범이
수북이 갇혀 있을 감방 교도소에서
여러번 거푸 상영되었으면 싶은 영화이긴 하나

쉽지는 않을 것이다

모히또

배우 이병헌씨는 연기의 한 경지를 뚫어낸
타고난 배우라고 개인적으로 생각한다
그 내면에 출렁이는
밑도 끝도 없는 고독으로
가득한 눈동자…
당신이 자세히 들여다 본 적은 없겠지?

영화 내부자를 다시 보게 되었다
니 내 할 것 없이 죄다 기억할 장면
굵직굵직 쓸 만한 남자들이 벌거벗고 생의 밑바닥으로
두텁게 침잠한 긴장을 풀어보겠다고 몸부림을 치며
실한 아랫도리로 간당간당 쌓아놓은 술잔을 다다다
넘어뜨리는 기발한 연출의 밤 문화
어디서 우리가 그런 갈 데까지 가보고 싶은 인간의
지랄병 같은 광란을 구경할 것이던고
나도 선연히 기억하고 있지
그 영화에서 안상구 역을 소화하는 이병헌
일자무식의 곰배팔
범죄의 치열한 각축전에서 오른팔을 잃은 것이다
그 세계에서는 조직의 비밀을 엇다가 까발려
불이익을 주었다면 끝끝내
지렁이 소굴까지 뒤져

배신자의 덜미를 낙지처럼 찍어내어 사람 구실 못 하게
오른팔을 절단내어 버리는 것이더라

그런 남자에게 자욱한 안개꽃마냥 들이대는 여자가 있으니
남자들이여, 니들 밥벌이의 고단함에 여자가 없다면
너무 메마르지 않겠는가
영화의 마지막 장면에서 안상구가
－모히또 가서 몰디브 한잔 하까?!
　근데 모히또가 어디여?
묻는 장면이 있다
그 여자가 죽기 전에
이 살벌한 어둠의 세계를 잠시라도 벗어나
이 따끈한 남자와 팔을 끼고 빛이 드는 세상을 향해
끝없이 걸어보고 싶었는지,
여윈 볼에 입술을 꾹 눌러주고 싶었는지
－우리 언제 몰디브 가서 모히또 한 잔 할까?!
남자에게 제의하는 것이다
참으로 절실하였다 그 대사가
－추억은 가슴속에 묻고
　지나간 버스는 그냥 보내주는 것이여!
터프하게 끊어주던 상구
이미 남의 여자라는 것이다

여기서 모히또mojito는
생 라임과 민트가 섞인 술이라는 뜻의
스페인 말이란다
스페인의 식민지로 있던 쿠바에서 최초로 만들어졌다고
생 라임이라는 말만으로도 입안의 잡귀가 싹 가시고
침샘이 벌떡 일어서지 않는가
하여간 어쨌든 간에 나도
파도가 마구 출렁이는 포말의 절벽 위에서
위험천만한 다이빙으로 바다를 나는 꿈을 꾸며
그 모히또 한 잔 탁 털어
목젖을 적시고 싶다

영화가 그래도 해피엔딩이라 조금 위로가 되었고
안상구가 행복해 보여 좋았다

엇나간 종교

참 어느 시대나 종교의 이름을 앞세우며
위대한 신의 이름을 빙자하여 신을 모독하며
지구를 깨부수는 전쟁
먼지가 하늘을 덮고 사람은 피를 철철 흘리는 것이다
아, 어느 신이 지들끼리 싸우라고 했겠나
오로지 보살행, 자비를 베풀라 했건만

내가 젊었을 어느 날
대문 벨이 울려 나가보니
무슨 왕국에서 온 사람이라고 했다
옥황상제의 자손일지 유나이티드 킹덤일지
제삿날이라 그럴 시간이 없다했더니
제사에 대해 그들만의 이론을 제기하는 것이었다
대문간에 서서
그래서 내가 일 년에 한 번 일가 형제들이 모여
얼굴을 보고 조상에 조아리고
맛있는 음식 나눠먹는 그 외에는
무엇도 없다고 말을 해주었다
지금에 생각해 보면 내가 참 말도 잘했다 싶었네 ㅎㅎ
어느 구석에 허점이 있어 그가 내게 반론을 할 것이던가
미처 말문이 막힌 그 청년은 그 후 그 종교를 버렸는지
내가 아나 마나

그런 딱한 말씀으로는 사람의 마음을 건드릴 수 없다
객관적이고도 보편적인 것만으로
서로 통할 수 있는 것이다

사람이 삶의 끝에 놓여 오늘 내일 숨을 헐떡이는 순간에
잽싸게 나타나는 게 저쪽 종교인들이다
우리 쪽이 좀 박자가 늦고 악착스럽지 않은 성향은 있어도
굳이 평생을 절에 내왕한 노인네에게
그 급박한 막바지에
그 틀림없는 교만, 내 종교만이 인간을 구제한다는
그 집착의 새치기
부처가 세상이 지목한 사四대 성인의 한 분인 줄을
까맣게 모르고 설친다는 것이다 흐이그!
명불허전을 모른다는 저 무지몽매
명불허전名不虛傳 – 이름을 날리는 데는 다 그만한 이유가 있다
숨 떨어지기 전에 날래 밀어붙여
–믿습니꺼? 믿겠습니꺼? 믿지요? 믿어야 됩니더!
　천당 갑시더!!
그 마지막 깔딱고개 넘어가는 꺼지는 한마디
–알았다아... 마, 내가 죽것대이...
그 한마디를 채어잡아 지 실적표에
한 점을 올리는지 마는지

몇 이를 전도했고, 천당에 보내드렸다고

당신이 그 죽음 길에 같이 따라나서서
영영 돌아오지를 않는다면
그래도 조금 미심쩍기는 해도
제대로 용을 쓰긴 쓰나보네… 할 거인데
대책 없는 이기적 종교사랑
막 숨이 지려는 사람을 그리 사랑하는 것은
말이 아니다

깨어있으라

정수리에서 타고나와
이마빼기에서 아래로아래로 배꼽까지 도달하여
줄줄이 흘러내리는 육수를 손으로 걷으며
음식을 장만한다
내 손이 나를 거들지 않은 담에야
내 생애 뭣 하나 마땅한 것이
입으로 들 수가 있더냐
냉장고를 수없이 열고 닫으며 얼은 거 녹이고
영 녹기 전에 다시 챙겨 넣으며
불 위에선 깨가 따닥따닥 벼룩처럼 튀고
야채를 썰어 짠가 어떤가 간을 보며 무치고
질척한 저녁에 집을 찾아들 가족들을 생각하며
몸을 부지런히 움직여
잠든 냉장고를 여닫아 깨우고
당장 이 끈적한 한낮의 내 입에 들어갈 점심을 장만하며
그래도 냉수에 찬밥 뚝뚝 꺼먹지 아니하고
제대로 걸어 먹으려함이 스스로 고맙지

사람이 깨어있다는 것은 제대로 산다는 말이다
눕고 기대려는 몸을 움직여 말짱한 정신으로
일깨우라는 것이다
마루를 닦으며 팔에 힘을 들이고

시들피들한 다리를 한참 걸어 살려내고
마룻바닥이 깨끗해지니 기분도 깨어나고
땀을 씻으면 침침하던 정신이 또렷해지니
다 몸을 움직여 주어
정신이 깨어나는 것이다
시체처럼 누워있지 말라는 것이다

밑도 끝도 없는 자가당착의 모순을 헤치며
제대로 마련해 가야하는 삶이라면
신발을 꿰고 부지런히 걸어 지구를 빙글빙글
한 바퀴는 돌려봐야 하는 것이다
신발도 오래 깨우지 않으면 밑창이 철버덕 떨어져
현관을 막 나서려다 낭패를 보는 것이다
내가 예전에
깨어있으라는 말을 한참 못 알아먹어
-뭐꼬, 이 씨~
　아침에 눈뜨면 해 질 때까지 웬 종일 깨어있는데~
성질이 난 적이 있다

수화 手話

손으로 의사를 표현하는 수어手語, 수화
소음이 일체 없는 소통
그래서 나는 어느 적부터
수화를 배우고 싶다는 생각을 했지만
아직도 들이대지를 못한 어물쩡이다

막 전철에 올라타던 어느 날
저 멀고 먼, 기억에 없는 시간의 어느 마디인 양
지게를 지고 지겟골을 넘어가니 하늘이 엄청 내려오던,
어느 끝이 안 보이던 공간에 내가 놓여서
기우뚱 휘영청 짚을 곳이 없었던 그 경험을
잊을 수 없는 것이다
아, 여기는 대체 어디인가
소리가 없는 세상
갑자기 시간을 잃어버렸다

희고 검은 교복을 입은 여학생 몇이
시야에 들어왔고
그들은 그 성장기의 여느 아이들처럼
재잘재잘 지들끼리 떠들고 있었다
그런데 소리가 없는 것이다
그러면서도 열심히 얘기하고 웃었다

그 순간 희멀게지던 나의 우주
그리고 조금 후 그들은
내 시야에서 몽땅 사라졌다
어디로 가버린 것인가
어느 거울 속으로 깊이 들어갔던 날의
특별한 경험

세상에 없을 아름다운 풍경이었다

휴 그랜트

휴 그랜트
눈꼬리가 아래로 쳐진 영국 배우이다
아는 사람은 다 알지만
모르는 당신 한 사람을 위해

영화 네 번의 결혼과 한 번의 장례식에도
수화를 하는 사람이 등장한다
주인공 휴 그랜트의 동생 역할의 남자
현실에서나 영화 속에서도 여자들에 대한 사랑이 넘치는
남자 휴 그랜트
실제로 결혼은 아직 하지 않았으나 여기저기 자녀의 숫자가
여럿 된다니
그와 사랑을 나눈 여자들이 그 남자와 한 생을 같이 하고자
염원하였으나 그 행사가 도저히 미덥지를 않아
애만 갖다 맡기고 다들 사라진 것인지
나도 애시당초 괄호 밖으로 내다버린 남자이다
희멀떡한 외모는 내 취향이 아니다
내 취향?
못생기고 자상자상 솔직한 사람 ㅎㅎ

그 영화에서도
그랜트는 어떤 여자와 엮이려다

작업이 마무리되지 못한 채 여자는 미국으로 가버리고
시간이 흘러 자신의 결혼식에 그녀를 초청하는 것이다
막상 얼굴을 대하니 또 그녀의 새삼스런 매력에 사로잡혔고
그녀는 남편 없이 홀로 영국으로 건너왔으니
연유를 물은 즉 그새 남편과 헤어졌다는 것이다
마땅한 이유가 있다면 언제라도 갈라서긴 서야제
그러자 남자는 결혼을 하루 앞두고 심한 갈등을 한다
친구들에게 속내를 털어 놓는 것이다
지금 결혼하려는 여성과는 몇 번 결별을 거듭하다가
별 뾰족한 상대를 만나지 못한 상태에서의
결정이었다고

다음날 결혼식
행복에 겨운 신부의 화창하고 화사한 얼굴
결혼식은 시작되었고
화면 바깥의 시청자들은 안타까웠다
신부에 대한 연민으로
저 시벌눔을 어느 여자가 용서할까
신부가 장차 행복하지 않을 것 같은 염려
-이 결혼에 이의가 있는 사람은 지금 말하든가
  아니면 영원히 침묵하시오!
라는 주례의 말씀

우리나라 결혼식에서는 왜 그런 단서를 붙여주지 않는지
그래도 그 못지않은 시위가 있으니
꼬꼬 재배하려는 순간에 갓난아기를 덥석
주례상 위로 올려놓아
하객들이 기겁을 하는 결혼도 더러 있지만
미리미리 어느 쪽이든 재를 뿌릴 기회를 줘야 마땅할 일이다
그래야 새삼스러운 후환이 가실 것이다
하여간
그때 하객 속에 묻혀있던 그랜트의 동생이 손을 들어
수화로 이의를 제기하는 것이다
그랜트는 동생의 수화를 알아들으면서도 짐짓
뭐라고? 하는 표정으로 묻고 나서는
하객을 향해 직역을 해준다
－이 결혼은 계속되어선 안된다고 하네요
사람들의 웅성거리는 시선이 동생 쪽으로 몰린다

그리하여 결혼은 깨어지는 것이다
왜냐면 동생은 그 전날 형이 친구들에게 하는 얘기를
우연히 듣게 되는 것이라
그의 형을 위하여 또한 신부를 위하여
결혼을 깨는 것이다
분통이 터지던 신부는 울고 불다 그녀에게 목을 매던,

그녀만이 그의 매력을 몰라봤던 멋진 남자와
혼인을 하게 된다는
해피 웨딩!
수화를 알지 못하는 일반인들 사이에서 벌어지는
수화의 트릭이 등장하는
참으로 재미나는 영화였다

나도 서둘러 수화를 배워야 한다
팔색조에다 수화까지 더한다면
금상에 첨화가 아닐까

눈 밝은 몇몇이 날더러 팔색조라고 ㅎㅎ

인간의 재발견

나는 늘그막에 비로소 인간에 대한 재발견을 하였다
본디 인간종자가 갖가지로 다양하다는 건
이꼴 저꼴 보며 살아온 인생 이력에서 사실
많고 많다

나는 이미 누구보다도 놀라운 사람과 살아와서
더 놀랄 일도 없을 것이라 장담하여
나머지 시간은 빛나는 평안뿐이라며
룰랄라 노랫가락이나 뽑아내고 살아가는데
띠잉-!
대갈박을 부딪는 사건을 만나는 어이없던 어느 오후
그래서 나는
이 머꼬?!
시심마是甚麼-?!
비로소 그 깊은 말을 쪼깐 이해할 수 있었다
시심마 - 인생살이 모든 곳에서 만나게 되는
　　　　근본적 의문
사람이 제 말만 아득바득 우기고
제 입에 드는 것이라면 좁쌀 한 톨 놓치지 않는다는 건
우리 모두 알고 있고 또한 그리 살아가고 있으니
알면서도 고쳐가지 못하는 게 사람이라
내버려 두는 수밖에 없는 일도 새발렸지

하여간
그 일은 내게 충격으로 다가왔다
세상이 지금까지의 나로부터 희멀겋게 멀어져 가는 가운데
나는 나를 되씹고 추슬러 가까스로
마무리 단계로 접어들 수 있었다
차근차근 감정정리를 해야만 했다
죽 떠먹은 자욱이 아니라서 여태
메워지지가 않는 것이다

전철에 자리 잡고 앉는 순간
맞은편의 허연 골조들
철거럭 철거럭 진동 따라 흔들리는
곧게 세운 척추
뻥 패여 웃거나 부라리는 눈
<u>흐흐으, 흐</u>

허옇게 박힌 이빨 성성하여
그러나 그리고 그래서
아무런 일은 없어서
잠시 후 그들은

자신에게 알맞은 옷을 걸친 채
마땅히 앉아 있었다

그 일이 있었을 때의 충격
사람이 삽시간에 괴물이 되었다가
다시 사람으로 돌아오던 그 순간을
시로 썼다
물론
세상의 그런 모든 선악에 나를 포함시키는 것이
최소한 나라는 사람의 양심이다

2018년 추석 단대목에

추석을 며칠 앞두고 속도 시끄러운 차에
마침 설악에 오르자는 기별에 닿아
아직 눈발이 허공을 점령하여 둥글둥글 날리지는 않아
약간 아쉬운 가운데에도 기분이
베리 나이스!

산은 늘 내게 교만치 말라,
들뜬 허영으로 날리지 말라 가르친다
허영 – 바깥으로 보이는 그럴듯한 화려함
왜냐면 내가 저기 먼 산을 오르겠다며
몇 걸음 자취를 떼려 하면
바닥에 박힌 미덥던 돌이 삐끗 기울며
나를 휘청 시험에 들게 하니
아, 조심해야겠네,
만만하게 보지 않아야겠구먼-
경각심을 미리 신호해 주는 것이다
그래서 한 발 한 발 다잡아 내딛는 것이다
그렇게 한 여섯 일곱 시간을 부지런히 저 높은 곳으로
숨차게 걸어 올라보는 것은
스스로를 단련해본다는 기분이 들어
늘 뿌듯한 것이다
까짓 거!

우비를 입고 배낭을 메고 어두운 산을 더듬으며
숨가쁜 오르막, 절로 흐르는 내리막, 고른 숲의 평지를
지나며 비에 젖어 번들거리는 돌 위에 앉아
샛노란 귤을 꺼내 아작아작 씹으며 단 숨을 식히며
거대한 바위 등성이를 신나게 미끄러져 내리는
굉장宏壯한 물의 굉음에 귀를 씻는 산신령마냥
훠이훠이 궂은 하늘을 온통 차지하는
호사에 호강

이정표는 읽지 않았다
이미 일행이 앞뒤로 띄엄띄엄 포진되어 길을 잃을
염려는 없으니 굳이 내 아까운 길의 기럭지를
재어보는 것이 무슨 의미리오
마냥 끝없는 길을 가다보면 끝없는 끝이려니

비에 젖은 채 빗속을 내다보는
한 떨기 보랏빛 꽃
그려, 누가 쳐다본다고 니가 그 간당거리는 기슭에
꽂혀 있었더냐
우리 생이 누구에게 보여주려 안간힘을 쓴다면
백지로 헛심을 빼는 것이제
그냥 저 좋아서 그리저리 살아내는 것이여

아픈 다리로 고물상이 된 상이군인 친구와 멀어지면서
저만치로 죽어 자빠진 검은 나무의 허벅지를 걸터앉아
젖은 산천을 죽 둘러본다
꺼지고 솟아오른 산의 경계들은 마치 진솔옷 잘 차려입은
양반의 머리에 얹은 정자관程子冠 형상이라
지긋한 기품이 선다
정자관 – 양반들이 집에서 쓰는 말총으로 만든
　　　　각이 뾰족 선 모자
그리고 거기 길다랗게 엎어져 의자가 된 나무여
그 속살의 달큰한 향은 어디로 흩어지고
치렁치렁 꽃피우던 찬란한 시각들도 까맣게 잊어,
잊어버린다는 맘도 없이 절로 그리 나투시어
세상에서 지친 나를 기다린다니
너야말로 기다림도 버린 지고지순至高至純한
하나의 사랑이 아니고 무엇이더냐

내가 사람으로 나서 나무처럼 그리 타산을 여의고
누구를 사랑해 본 적 없으니
내 오늘 너에게 무한정을 배워 가노라

꼭대기에 도착하여

설악산 봉정암
누가 거기에 솟은 바위를 뽑아내고
암자를 앉히려 했던고
그 꺼진 절 마당으로 들어서는 초입에서 올려다 보이는
오! 저기 산꼭대기 위로
하늘을 찔러 앉은 잘생긴 바위는
우리가 늘 올려다보던 그분, 부처의 모습이라
그날 내 눈에는 그렇게 보이는 것이었다

그 환하고 두터운, 어디 한 군데 죽은 데 없는 골상에
내가 반하여
약이색견아 이음성구아 若以色見我 以音聲求我
시인행사도 불능견여래 是人行邪道 不能見如來
니가 부지런히 쫓아다니는 그 절
맨날 공밥이나 한 그릇 뚝딱 닦아먹고는
이 절에 승僧의 얼굴이 어찌 그리 잘생겼노
하이고, 염불하는 목소리는 또 어떻고
죽여준다 아이가~
그런 생각을 갖고 백날을 절에 드나드니
여래를 결코 볼 수 없다, 만날 수 없다는 것이라
여래를 만난다는 말은 여래의 가르침을 만난다,
삶의 깊은 이치를 깨닫는다는 뜻이라

하여간 남자 보기를 헌 장화 바라보듯 하라느니,
진정한 수행자는 어떤 마음도 없는 자라고 하니
남자도 여자도 아니라고 하니
니 알아서 듣고 삭이거라~

비장한 나무의 해체
가슴을 패어
침침한 그림자의 계곡에
맘껏 드러누운 자태
덧없이 벋은 몸
무거웠구나

거대한 무게 기우뚱하여
닫히던 물소리
산은 훌쩍 날아가고
쏟아붓던 겹겹 하늘
삭히던 바람 소리는 비로소
금빛 나비일레라

거대한 나무 한 그루 쓰러져 길을 막은 채
흙이 되어가고 있었다
설악산 도중의 풍경

위태로운 마음

나는 필리핀 대통령에 그 정의의 사도가 당선되어
그 자신만만으로 넘치던 얼굴을 첨 봤을 때
왠지 불안불안 했다
그 이름 두테르테
어감이 투덜투덜하다
나만이 그럴 일이 아니라서 이미 세계의 마스컴들이
지적질을 하기 시작했다
어떤 오스트리아 여성이 성폭행으로 필리핀에서
사망하는 일이 있었을 때 그가 감히 말하길
-그녀는 너무 예뻤다!
고 말하며 웃었다

그러니까 예뻐서
누구나, 그 자신도 그녀에게 그런 짓을
저지르고 싶었을 것이란 말인가 뭔가
예뻐서 당할 수밖에 없었다는 원죄를 말하는 것인가
참 어이가 없었다
일국의 대통령이 생각 없이 씹어뱉는 막말은
그 나라의 수준을 깎아버린다
자신의 딸에게도 그리 말할 수 있다손
절대 그 따위로 말하면 안된다는 것이 내 생각이었지만
그 사람에게 딸이 있기나 한지 끌!

정치는 정말 바라보는 것만으로도
힘들고 어려울 것이라는 짐작이 되는 일이라
정권이 바뀌면 정책도 따라 바뀔 것이니
어디서부터, 누구부터, 어떤 일부터 탈 없이
차근차근 손을 본다는 것은
그러나 수많은 부작용을 유발할 듯
아무리 좋은 정책이라도 늘 불리한 소수는 존재한다
각 나라마다 서식하는 특유의 범죄의 뿌리는
단번에 감자뿌리처럼 뽑아버릴 수 있는 건
절대 아닐 것이라
나라를 오염시켜 많은 국민을 폐인으로 만들 수 있는
마약단속이 그의 큰 과제인 모양
마약의 뿌리는 깊고 질겨 수많은 인종들이 총 맞아 죽고
어지러운 환각에 빠져 미쳐버리는 가운데서
몸통들은 흐하하 돈벌이가 된다는데도
마약 농사 자체를 엎어버리지 않는 데는 또 그만한
뭔 이유가 있는지

아니나 다를까 오늘 인터넷에서
그 대통령과 연관된 기사를 읽었다
1CC, 국제형사재판소라는 곳에서 두테르테 대통령의
국가를 망치는 마약과의 전쟁에서 마구잡이로 빵빵빵 날려버린

마약범들에 대한 인권문제가 제기되었고
그가 대꾸하길
―나는 단 일 페소도 남의 것을 훔친 적이 없다!
　다만 초법적인 정의를 이행했을 뿐!
이라고 말했단다
법을 넘어선 인간목숨의 일방적 파기라는 발언인가
누구나 법에 의해 잘잘못을 심판받아야 하는데
법이고 나발이고 없이 예전 베트콩을 처벌하듯
길바닥에 꿇려 그 즉시 머리에 구멍을 낸 것이다
그 초법적이라는 당사자의 작심한 실언, 살인 인정발언으로
ICC는 어떤 수사나 재판과정 없이 수월하게
범죄 실토를 받아낸 상황이라고

참, 사람, 인류는 두뇌도 명석하여
인류가 발생시킬 위태로운 일들에 대한 모든 장치를
미리미리 준비해 놓는다는 것이다
나는 ICC라는 말을 늙어빠진 지금에야 만났으니
내 앞날에 뭔
국제적 심판을 받을 일이나 있겠다고 ――!

꿈

광목 두루마기에 중절모를 쓴
정결한 남자를 만나
내 몸이 단정치 못함을, 아무리 씻어도
떨어져 나가지 않던 염증에 대한 기억을
다시 돌이켰으니
무의식은 세상 어느 곳에서도 은신하다
필요하다면 하필 이 시점에서 나를
곤궁케 하는고

그래서 나는 그 남자와 잠자리에 들지 않았다
내 과거의 시간이 드러날까도 싶었지만
그에게 세간의 어지러운 남자에서 여자로, 그 여자에서
무수한 남자들에게로 떡을 치며 기하급수적으로
옮아 다니던 시간을
건네고 싶지 않은 때문이었다
나는 그 일로 수없는, 드러내어 말할 수 없는,
아니 드러내어 말을 하면 또 뭣을 할 것인고
내 생을 괴롭히고 지배했던 그 냄새나는 비밀들을
뜬금없이, 하는 수 없이 여러 의사들에게 활짝 공개하는 일이
정말 지루하고도 민망하였으니
아마도 내가 세상 어디에 박혀있을 화타나 편작과의
인연이 참 멀었던 탓이어라

오늘 새벽이던가
빗소리에 깨어나던 꿈 이야기이다
그런 질척한 생각에 오래 가로막혀 있었으니
내가 실지 어디 가서 그 남자의 무수할 여자의
무수한 사타구니를 타고 다니는 버짐들의 둥지를 확
불 싸질러버릴 수 없어도 홧김에 그녀들처럼
가랑이를 있는대로 열어
세상을 어지럽혀서야 쓰것나
내 강철같이 뜨겁고 어수선한 과거의 시간이
촉촉하게 대지를 적시는 빗방울 날리는 밤에
그런 꿈으로 내게 다가왔다는 것이다
달팽이처럼 예민한 지느러미로 세상 문턱을 더듬어
어둡도록 돌아다니며 노닐었던,
정결하여 자유로운 꿈을 꾸었던 날

모로 누워
천지로 쏟아지는 너의 속마음을 엿들을 때
푸른 대지의 뿌리 흥건하여
눈을 비비며 나무의 무릎에서 몸을 일으키면
지난밤 꿈이 물 위로 일렁일렁 흔들려

나를 실컷 씻어 주었다
물을 철벅이며 깊이 더듬어 들어가
꿈이 이윽하여 끊어지던 자리
아, 그 먼먼 속으로 푸성귀처럼 살아나던,
그리 선연하여 순결하기만 하였던
빗발의 지느러미

그날 밤 꿈을 시로 써봤다
어떠하온지?!
어떻든 말든 상관은 않는다

미투

대통령께서는 무탈無頉하시길

나는 한창 미투가 불거질 때
대통령만은 최후의 보루이길 아슬아슬한 맘으로,
진심으로 바랐다
그의 멋진 잠룡들이 종기 터지듯 불거지며
거론되었을 때의 실망감이라니…

잠룡潛龍 – 물속에 잠겨 승천을 기다리는 용

닦다

불교신자들이 입에 달아놓고 사는 말
　닦는다
대체 뭐를 닦는다니?
높은 산 가랑이에 숨은 절을 찾아 쌕쌕 올라가며
땀내 나는 등산화로 밴질밴질 바닥에 박힌
반석을 닦는지,
굽어가는 길을 닦는지
못생긴 얼굴을 비춰보려 거울을 닦는지
벌겋게 번지는 루주를 닦는지
똥을 닦는지
발바닥을 닦는지
그러고 보니 닦는다는 것은 다 좋은 것이네
깨끗해진다는 것이여
지린 몸도, 흐린 마음도, 얼굴도 사타구니도
그래서 부처님께오서 닦으라고 닦으라고
여적지 말씀하시는데 얀년들아,
닦은 거 하나씩 내놔봐라

죄를 닦아야지
죄가 눈에 뵈지도 손에 잡히지도 않는데
어떻게 거머쥐고 닦을 수가 있남
죄를 닦는다는 것은 바로 뉘우친다는 말이다

뭣이라도 맘에 걸리면 뉘우쳐야 하고 그러다보면
죄가 조금 닳아 얇아지겠지
내가 4,5,60을 살면서 지은 죄가
몇 가마니, 몇 섬이더냐
죄가 없다고?
저런 늠은 약도 없어
이 소똥만도 못한 늠
소똥은 불에 태워 방이라도 덥히제

부증불감

나 어릴 적, 고등일 때
생물 선생님께서 물으셨다
지구의 무게는 언제가 젤 무거우냐고

봄이요—꽃이 많이 피어나니
여름이요—그 많은 이파리들이 쑥쑥 자라고
            태양이 무겁게 내려 쪼이니
가을이요—실한 열매들 많이 매달리니까
겨울이요—흰 눈이 산천을 덮어버리니
선생님은 웃으시며 말씀하셨다
일 년 내내
그때나 지금이나 태초에나 말세에나
지구의 무게는 꼭 같다고
흙에서 난 꽃이나 나뭇잎은 떨어져 다시 흙으로
돌고 도는 순환이 된다니
눈은 녹아 강으로 바다로,
증발하여 구름으로 다시 빗방울로

부증불감不增不減
늘지도 않고 줄지도 않으면서
그 안에서 모습만 바꿔 돌고 돈다니
사람도 계속 태어나 죽으면 뼈로 남고 가루로 남아

여기저기 뿌리거나 묻어도 결국
그 무게는 그대로 이 지구상에 남아 흙에서 물에서
거름이 되거나 어쩌거나
그런데 내 생각에는
지금처럼 사람이 쉼 없이 새끼를 쳐 중국이나 인도처럼
큰 덩지의 나라에서 인구가 계속 늘어난다면
지구가 그래도 좀 기우뚱하지 않을까 싶다
지축은 이미 약간 틀어졌다고 말들 하더만
그래도 지구의 무게는 매일반일까

이쯤에서
부처님의 무유정법無有定法,
한마디로 단정해버릴 것은 이 세상에 없다는 그 말씀,
그러니까 지구의 부증불감도 세월따라 이제
변한다고 봐야할지
지구가 제자리를 유지할 수 없는, 포화상태의 견딜 수 없는
무게에 다달아
자전이나 공전이 멈추어버리면 우리는 아예
밤이 없는 낮뿐이거나 아니면 일 년 내내 캄캄한
밤을 살 수밖에 없는 시절이
오지 않겠는가 ㅎㅎ

불가사리

박 전前 대통령은
징역 24년에 벌금 백몇십억 원을 선고당했다
그러면 대통령의 나이 구십
억울하다하여 항소를 한다면 조금 감량이 되고
그 다음에는 그래도 일국의 대통령으로서
그 동분서주의 공이 어찌 없겠느냐-하여 무슨 날에
특별사면으로 풀려나와 밝은 볕을 맘껏 올려다보며
지나간 악몽을 털고
그런 수감의 시간들이 참으로 당신에게
보약 같았다고 말하며 살 수도 있으려나
그랬으면 좋겠다

재판에서는
국민이 투표를 통해서 대통령에게 준 지위와 권한을
사사로이, 맘대로 곁에 붙어있는 사람에게
떼어주었다는 것이다
그리하여 전 세계에다 대고 이 국가의 위엄을
우습게 만들었다는 것이지
장기간의 사기극에 휘둘렸다는 것이지
옛말에
떼어먹으려 작정한 늠한테는 받을 수 없고
속이려 작정을 하는 늠에겐 속힐 수밖에 없다고

그래도 그 구속을 받는 방에서 분노와 한탄과 억울함과
배신감, 세상의 갑작스런 변덕…오만가지 생각을
다 해봤을 것이라면
내가 대통령이 된 후로도 그토록 오래 함께 그 인물과
엮여있었음을 미처 인식치 못했다는 그 자체가
큰 죄, 무능에 해당한다는 생각을
한 번 해보지는 않았을까
아, 내가 참 무지하고 무능하고 무안했습니다
그 한마디로 피차 조금씩 양보가 될 수도 있었을 것인데
책임을 엇다 떠넘겼다고 하니
안타까운 생각이 들었다
곁에 붙은 그 불가사리, 해파리는
워낙이 오랜 세월을 야금야금 저쪽도 자신도 모르게
몸집을 키우는 통에 아무도 그리 거대한
쇠, 金을 먹어치운다는 전설의 불가사리가 되어
이 돈 저 돈 마구 쓸어 씹지도 않고 삼킨다는
생각을 하지는 못했을까

그 대통령의 부친이
깡촌의 부뚜막에 찍어먹을 거라곤
소금간장뿐이던 시절의 사람이라
내가 이 나라를 배불리 먹는, 근심 없는 국가로

일으켜 보리라던 열망이 있어
작은 국토의 머리서부터 항문까지
확 도로를 뚫어 장삿길의 거리를 줄여주고
변기의 물통에는 집집마다 벽돌을 하나씩 넣어
물을 절약하고
머리맡으로는 천날만날을 들썩거리는 북의 위협에
칼자루를 내려놓지 못하고
서익 아파트 높은 건물엔 승강기를 두 개 층 사이에
한번만 멈추게 하여
아래층으로 위층으로 서로 한 발짝 걸어서
오르내리는 절전이 있었고
그 당신은 또 그 좋은 청와대 집무실에서 오뉴월 염천에
선풍기를 돌리며 청승을 떨었어도
누가 알아주는 눈이 있기는 있었는지
그러니까 내가 시방 그 야그를 어디서 듣고
이 글을 쓰는 것이제
독재, 내가 한 몇 번만 더 할 수 있다면
군더더기 없이, 일사불란하게 이 나라를
반석 위로 올려놓을 것이구마는-

아무리 그 뜻이 좋아도 권불십년이라
악행의 대가를 내가 다 받고

내가 다 책임지겠다고 한다면 그 누가
뜯어말릴 수 있으랴

지공선사

지하철은
물비암처럼 걸림 없이 빠르고
군더더기 없어 막히는 법 없고
더없이 공손하여 손잡이 없이도 서서 간다
나이 들면 또 지공선사로 받들어 뫼신다니
지공 指空 智空 至空
하여간 빌 공空을 다 넣어볼 수 있으니 사실
공空을 안다는 것은 매우 중요하여
사람살이에 충직한 하인마냥 도움이 될 것이란다

어쨌건
지공智空, 일체만물이 실체가 없다는 것을
깨치려던, 그 까마득하고 매몰차던
명상의 자리로 앉으시던 그 통달한 수행자들에
빗대어 주니 우리들이야 고맙지
늙기는 싫다면서도 또 예순다섯을 기다리고 있으니
참으로 헛것으로 돌아가는 만물의 어느 등에다
까만 한 점을 콕 찍어야할지 ㅎㅎ

거기 승강장에서 오늘 내가 참으로 또 한 가지
좋은 것을 깨쳤다는 것이다
즉은

남에게 충고를 할 때는
도움을 줄 수 있는 선을 베푸는 것이니만큼
더욱 선한 마음으로 조언하라는 것이었다
내가 누구에게 충고하는 꼬라지로는
니 꼴이 숨이 막힌다는 듯이 고함을 빽 지르고 있으니
딸년이 찢어지는 가재 눈을 하는구나 싶은 생각이
뻔쩍 드는 것이라
하이고 참으로 대가리 소똥 벗어진 이후 촌으로
전철역에서 한 소식消息을 얻게 되었으니
공짜여 공짜
다 좋은 공짜여~

소식消息 - 늘 의심을 두고 있던 것에 관한 해답을
　　　　　어느 순간에 딱 얻어걸림

정신이 나가버리다

사람이 미치는 이유는
사람 때문이다

영화 붉은 수수밭에서는
중국을 점령한 일본군이 사람의 가죽을 머리에서부터
아래로 쫙 벗겨내는 사건을 바라보던 마을 사람이
그 충격으로 미쳐버리는 장면이 나온다
그 후 싱글벙글 두서없이 세상을 돌아다닌다

그리고
예전에 내가 아는 이가
아직 어린 딸을 독일에 유학을 보내겠다하여
생긴 모양이 설고 풍경이 설고 말이 선 외국에 갖다 놓으니
그 아이가 그 유학생활에 뭔가가 마뜩치 않았는지
알게 모르게 몸이 온전치 못해져 다시
한국에 데려와 근근이 좀 낫나 싶었는데
에미 맘이 바빴던지 서둘러 또
남의 나라에 데려다 놓고 하는 사이
아이가 영 병이 들어
말하자면 누가 자꾸 제 욕을 하고 험담을 하는
환청에 시달려
에미는 말할 것도 없고 모르는 남에게도 마구

성질을 내고 더하면 손에 들고 있던 물건을
바닥에 내동댕이치는 병에 들어 그 에미가
오래도록 애를 먹는 것을 보았는데
지금은 어찌 되었는지 내가 모른다
에미가 제 학습이 모자라면 신문이라도 매일 읽으며
지 맘을 든든히 채워볼 것인데
그 덤터기를 자식에게 씌우려다 그 욕을 보는 것 같았다
아이가 극심한 스트레스를 이기지 못한 것이었다
말하자면
눈에 보이지 않는 인간의 무지, 폭력. 강요로
엉뚱한 곁에 사람이 망가지는 것이었다

그래서 나도
누가 내게 무엇을 강요하면 구겨버릴 듯
화를 낸다
그만치 일방적 강요는 상대에게
힘 드는 일이다

어디를 잡을까

참으로 난감할 때가 있긴 하다
대체 어디를 잡아야 할까
머리를 잡을 것인가
몸통을 잡을 것인가
발바닥을 거머쥘까
허공중에 매달려 볼거나

너무 너르고
너무 깊고
너무 관념적이고
너무 한자漢字적이고
너무 제상비상諸相非相이니
네가 눈으로 귀로 코로
보고 듣고 말하는 것들이 숱하게
헛소리 헛것이 많아
거의 껍데기만을 듣고 본다하니
인간이 그리 능수능란한 본능을 언제 털어버리고
그 지경까지 어느 세월에 가 닿나
부처 나오라고 소리쳤다는 그 사람은 아마
부처에게 맺힌 게 많다는 것이겠지

금강경을 읽다보면 아래위로 문맥을 맞추어 내려다

세월이, 내가 죽어날 판이여
내가 한번 막힘없는 문맥으로 대번에
뚫어버릴까도 싶고 ㅎㅎ
그 당시의 님을 소환하여 소상히 여쭈어보고도 싶은 것이다
그러면 그분은 분명 내게
아, 그 부분은 사실 이러이러합니다 라며
글자나 내용을 수정해 주실 일도 있으리라
하여간
그래서 나는 법구경 강의를 들을 그 당시,
그러니까 한 십 수여 년 전에 마음을 먹기로
공부를 좀 꼼꼼히 하여 내 또래들이 알아먹기 좋은,
경전 중에는 그래도 조금 수월하다싶은
법구경 같은 글을 함 써보고는 싶었다

경전이야 거푸 씹을수록 진한 맛이 나겠지만
어느 일반이 그리 오래
경經을 씹으려 하실런지

제4부

물음

어느 날 진지하게 그 남자에게 물었다
—당신은 왜 더 나은 사람이 되려 하지 않는가요?!

좀 모양나게 살고 싶은 맘이
그 여자 안에 있은 탓이었다

안방

자고이래自古以來로 입에 드는 밥은
내 새끼 목구멍으로 넘어가는 소리가 젤로
듣기가 좋다 하였듯이 자식이 그만치 나와는
피와 살을 나눠가진 소중한 존재라
모든 밥 떠먹고 살아가는 생명은 내 새끼인 듯이나
우리들이 챙겨봐야 하지 않겠는가
남의 새끼 시누 새끼 동서의 새끼는 그저
미운 털을 박아놓고 쪽박으로 때려 문밖으로
쫓아낼 궁리만 하는 것이 또한 세상인심에
주걱자루 거머쥔 여자들 소견이라
남자들이사 뭐 여자들에 휘둘려
빙신처럼 지 피붙이 당하고 있어도 번히 불구경으로
바라만 보는 등신들이여
야, 이 자석들아
니들이 좀 떳떳하지가 않았으면
니 새끼 남의 손에 망가지고 있는 거
얼빠진 눔마냥 바라보고 있으랴마는
니가 벌어온 돈 니 자식이 당연히 먹고 입어야제
그런 생각은 안 드셨나?

으샤으샤 현처와 합세를 할 것이 아니라
전처에 그러하였듯이 어퍼컷에 코피 좍 터트려

어디 한군데 시큰한 피 냄새를 봬줘야
이, 시벌-! 하며 덤벼 들던 보스라치도
보스라치 - 아랫도리로 벼슬하는 여자라는 뜻의 신조어
-어, 이 남자 박력있어 번지네!
일타이피 아니겠나
억지로 뺏어온 마누라의 새끼도, 쪼다 당신 신세에도
좀 볕이 안 들겠나
쪼다 - 제 구실을 못하는 어리석은 사람
어찌어찌하여 남의 안방까지 밀어붙여 왔으면
그 힘든 배경마저도 눈물 나게 사랑을 하여
오래오래 행복하게 살아야제
비싼 파카 뒤집어쓰고 은팔찌나 차겠다고 끌!

죄 없는 아는 어쩔것고?!

아무리 계산을 놓은들

어떤 혼기에 찬 남자가
참으로 궁리를 더하여 내게 정신과 물질을 풍부히
해 줄 것 같은 반듯한 직장을 가진 여성을
어렵사리 물색을 하여 결혼을 하였는데
거죽을 보고는 도저히 가늠이 되지 않았던 일이
발생하였다
사람의 일을 알아보려면 적어도 삼 년은 밀착을 하여
관찰을 해야 되고
그보다 훨씬 더하여 이것저것 다 엎질러진 다음에사
그 속에 숨은 부스럼이 새삼 돋아나는 경우도 있어
하여간
계산이 그리 망가져버리니
그 남자가 돌변하여 갖은 트집을 잡았으니
인간 속에는 자신도 모르는 괴괴망측한 괴각乖角,
그러니까 여차하면 이마빼기에 숨겨둔 뿔로 들이받아
확 엎어버리려는 심사가
어디에나 숨겨져 있다는 것이다

알고 보니 그 아내가 된 사람이
결혼 전부터 살림이 여윈 친정의 가장이었다는데
이제 그 딸이 시집을 가서도
친정 살림을 돌봐야할 입장이라

처가로 아내가 번 돈의 일정부분이 붙어가 버리고
방금 태중에서 나온 애기 돌보는 비용도 만만치 않으니
밤새 그 남자가 계산한 것은 다 헛방이 되었다
세상은 당신이 그런 소소한 계산이나 하게
내버려두지 않는다

감히 한 生을 걸고 가는 멀고 먼 길
지금부터라도 가련한 아내를 타박치 말고 갓난쟁이도
남의 새끼 보듯 하지 말고
넉넉한 마음을 부리며 살아보소
그리하여 비로소
복이라는 것이 당신을 찾아 수소문할 것이여

비닐포장

그 누가 비닐을 발명했던고
인류사에 획기적인 개발품이 이리 세상을 망가뜨릴 줄은
당최 몰랐겠지
저 많은 비닐, 썩지도 않는 비닐이
나무 꼭대기에도 올라가 검은 새처럼 앉아있다
산비알에 널린 밭에도 상치 대신 너풀거리더라
바다에도 비닐의 영혼이 떠다니고
저 멀고 먼 히말라야의 안나푸르나 같은
신이 깃들어 산다는 산에도
힘들여 떠메어 가서는 홀랑 까먹고는
껍질을 두고 달랑 몸땡이만 하산을 한다니
인간을 물개처럼 개량을 해 버린다면 어쩔꼬
훨씬 덜 돌아다니겠지

어느 명절에 아는 이가
남도 쪽의 굴비를 한 아름 보내왔는데
커다란 비닐가방에 손잡이가 달려
들고 다니기에도 편리한 것을 풀었더니
커다란 스티로폼 케이스가 나왔고
그 안에 굴비가 아니라 또 뭔 번들거리는
공단 보자기가 나왔고 그 안에 매듭을 풀어보니
또 비닐이던가 뭔 상자 안에 싸여

포장 쓰레기가 한 더미에
거짓말 좀 보태어
미꾸라지만한 조기가 누런 비닐 끈에 엮여 있어
참, 기가 막히고 어이가 없었다
게다가 뻔뻔스럽게도
업자의 사진이 또렷이 박힌 메모지에는
휴대폰 번호도 적혀 있었으니
참으로 남 우세스러운 처사라
부끄러움을 모르는 인간은 약도 없다는데
대한민국의 인간들이 도매금으로 싫었다 그날은.
아들 말로는 과하게 포장을 해서
근사하게 보여야 내용물을 미리 볼 수 없는 좋은
가격을 매길 수 있다나 만다나
제길헐!

보내준 사람에겐 인사를 해야 하나 마나
국가는 야무지게 단속 좀 하소
포장은 한 겹만!
내용물은 훤하게!

사모님

말은, 호칭은 시간이 흐르면서, 세상이 변하면서,
세대가 바뀌면서 영 다른 뜻으로도
변해가는 것이다
내가 중국에 가서 뭐가 좀 아쉬워
그 식당 종업원을 불러보려고
머리에 떠오르는 갖은 호칭을 다 캐내어 보려 하다,
허공을 헤집는 바디 랭귀지를 구사해 보려 하다
어떤 단어가 딱 떠올라 종업원을 향해 손짓했다
―꾸냥!
그런데 뒤에 알고 보니
요즘은 그 아가씨라는 아름다운 말이
시대가 사납게 무너지면서는
몸으로 먹고사는 여인을 가리키는 말로
변질이 되었다고

그런데 이 나라는
개나 소나 다 사모님을 선호한다니
아주머니라는 편안하고 좋은 말이 왜곡되었다는 것이다
아 주머니, 돈 주머니, 할머니, 머니 머니
사모님은 본래 존경하는 스승의 아내
또는 존경하는 사람의 아내를 말한다
그렇다고
여자들의 남편이 모두

존경을 받는 스승은 아닐 것인즉
어느날
떵떵 차려입은, 눈 아래 뵈는 게 없는 사모님이
에미가 눈앞에 안 뵈면 찔찔 울상이 되어버리는
삼십대 아들 때문에
새파란 여자에게 닦이는 것이었다
-아줌마! 당신 자식이 먼저 잘못했잖아요!
-뭐, 뭐라고? 아 줌 마??
-그러면 사 모 님이라 부를까요?
그때 왜 내 체중이 쑥 내려가던지
저 사모님은 철없는 늙은 애를 어쩔 것인지
맘대로 죽지도 못할 것이여

그러니까 요즘의 사모님은
갑질만 잘하는, 사모님 아닌 사모님에다
갑甲 - 차례나 등급의 첫째
스스로 자기가 세상 잘난 사람이라는 것이다
그리고 그 정다운 아줌마~라는 말이
그리 천대를 받는 이유는
막무가내의 억지스런 여자들 때문이라니

다 여자 지들 탓이여

삼 대三代째

2017년 어느 날
88올림픽 다음으로 세계적 뉴스로 떠올라 한반도를
다시 한번 분명하게 알리게 된, 화제가 된 그
항공사의 간식 사건 하며
또 그 아우의 물컵 사건이 겹쳐 그 집안을 영
몹쓸 사람들의 소굴로 낙인찍히게 한 갑부의 갑질
걸레질 가위질 서방질 도둑질…
　질 – 명사 뒤에 붙어
　　　부정적이고 천하게 쓰이는 말
분명 귀하고 소담스런 짓은 아니제
뭐니 뭐니 해도 머니가 최고의 힘이라는 것이지
똥오줌을 제대로 안 가려도 되는 프리패스
저 높은 울타리 안에 그 어마무시한 국가 모독죄에
돈 자랑죄를 가둬두어도 곧 뒷문으로
말갛게 빠져나오니
그들이 그런 무지한 돈의 우리에 갇혀 우습고 깜깜한 세상을
살 수 밖에는 없겠다
공짜비행기를 타고 그 넓은 천지를 속속들이
다 들여다보고 날아다녀본다 해도
옳은 관심을 꽂아두지 않으면 무엇 하나 깨달을 수 없는 것이
삶의 이치인 것이제

할아버지 대代의 한의원을 바로 다음 세대가 이어가는 경우는
잘 없어 놀고먹는 2대가 태반이었다
삼 대째의 손자 한의원은 간혹 있더라
아버지가 돈이 많으면 그만 자식을 돈으로 키우려고 해서
그 자식이 성장을 해가는 중에 모든 것에 든을 붙여
사람 시켜 업어다주고 실어다주고 먹여주고 재워주니
일상의 힘든 경험을 해볼 틈이 없고 더욱이
일을 할 이유도 없어 그냥 마냥 저냥
아버지가 쌓은 돈만 헐어 쓰고 있으니 머잖아 그 자식이
이제 남에게 돈을 꾸러 다니는 일이 생기는 것이다
좌식공산坐食空山이라는 옛말이 있더만
놀며 먹다보면 아무리 많은 재물도
곧 텅 빈다는 말이다
그래서 대체로 二대는 가난뱅이가 되어버리는 것이었다

그런데
저기 사흘들이 돈이 넘쳐 말썽나는 쪽들은,
맨땅에 헤딩을 하며 피 흘리어 일군 할아버지의 유산이
이제 삼 대째로 건너가면서
더 떼부자가 되어 원조의 그, 사람답게 살라는 정신유산은
엇다가 패대기 쳐버리고
술판을 와장창 쓸어버리며 비싼 술을 구정물 쏟듯 하고도

뭔 분이 안 풀리는지
사람을 개 패듯 하고 지랄도 해대니 돈이 썩어나도
자식을 돈으로 키우지 마소
그렇다고 부자가 죄다 그런 개판은 물론 아닐 것이니
어이구, 남세스러워라, 어느 집구석고?!
개가 또 뭔 죄여

그리고
참, 어느 시대라도 숨은 애국자들이 있으니
KAL에서 더 이상 코리어KOREA를 쓰지 말라던
그 당신들

내가 사랑합니대이!

누룩 형상

사람치고 한두 가지 매력 없는 사람이 있을까
그 중에 여자들은 참으로 이런저런 지어내는 마음의 형상까지
더하여 무궁한 요사스러움과 어여쁨이 있지
우리는 언제나 노골노골한 일상의 옆구리를 뚫고
낯선 사람이 사는 낯선 풍경 속으로 튀어나가려는
일탈이나 이탈을 로망하여
별 뾰족 수도 없는 환상을 품고 늘 살아간다
이 지루한 현장에서 달아나고 싶은 것이다
거기에서 낯선 사람을 만나는 것이다
사람
모르는 여자, 처음 보는 남자가 아름답다고들 하지
그 어지간한 속내들을 곧장 드러내지는 않으려는
그 마음 씀들이 ㅎㅎ
좁은 집구석에 마주 붙어 니 잘나 내 잘나 하던
묵은지 같은 사람을 밀쳐두고 한데 나가서 만나는
새 사람, 새 향기
그 남자는 내가 마신 종이컵도 내가 잠든 척하는 사이
치워 주기도 했거든 그 좁은 비행기 안에서
자랑이가?!
아니, 그렇다고!
영 생뚱맞은 좌석의 배치로 일생 본 적 없는 남자와
적잖은 시간을 바짝 붙어 앉은 것이다

까맣게 눈을 뜨고 있기가 상그러웠지

그리고
그 여자는
누룩을 디디어놓은 듯한 얼굴에 엊그제 꾹 눌러 놓은
쌍꺼풀이 팅팅하다
나는 곁에 친구더러
-야야, 니 저 사람 병원에서 눈 하지 마라~
살며시 초醋를 쳐주었다
조선팔도의 어느 성형인지는 몰랐지만
그 사람은 남도 사투리를 구수하게 마구 읊조리고 있었다
전국 사람이 다 모인 패키지 여행이었다
그런데 뜻밖에 그 아지매가 어떻게나 애교가 많은지
그 얼굴에서의 모든 억울함은 상쇄하고도 남을 법했다
여자가 아이스크림을 먹고 있는데 그 남편이 오더니
-자기, 아이스크림도 먹는거야? 얼른 저리로 가보자
-안 갈거야, 나 여기서 아이스크림 다 먹을거야
그 와중에 몸을 꼬아싸며
참말 가관이었다
-여보, 빠뜨린 거 없어? 잘 챙겨~
-내 세상 다 빠뜨려도 당신만은 챙길거야~

남자의 무거운 배낭을 휘딱 등어리에 짊어지니
그 남편이
―어떻게 그걸 졌디야
―당신이 바쁜디 내가 져야제
하여간 말 그대로 딱딱 맞아떨어지는 부창부수여라
내사 일생 손바닥을 맞추어 제대로 소리를 함 내보려 해도
이리로 삑싸리 저리로 뻐그덕이더만
하여간 진귀한 풍경이었다
거죽만 보고 사람을 판단해버리는 것은 참으로
하수의 거시기라
얼마나 그, 남자를 주물리는 솜씨가 뛰어나다냐
아니지 저 툭툭하게 생긴 남자의 행실을 좀 보소
어디 그 아내를 한 톨이라도 주변을 의식하여
미웁게 보들 않으니 참으로
한 쌍의 물에 노는 수달이 아니던가

뚝배기보다 장맛이라더니
그 원앙이 참말 보기에 좋았다

같이 즐겼으니까

－강간이라고 생각 말아
　같이 즐겼으니까!
이 대사는 영화 닥터 지바고에서
그 툭툭한 남자 빅토르가 라라에게 던지고 나가는 말이다
그 남자만 그리 말했겠나
세상 모든 남자가, 공정할 법에서도 그리 말하지 않는가
남자에게 죄가 없다고
여자도 끝판엔 좋았다고
결국 합의하게 되는 몸의 상황이라고

여기에서
나의 견해는
하여간 신은 또 여자를 갖고 논다는 것이지
세상 어디에도 여자의 편은 없다는 것이지
본디 사람을, 여자를 갖고 노는 것이 신이라는 존재인데
어디에 신이라는 존재가 있긴 있다냐
전쟁을 나갈 때는 이쪽이나 저쪽이나 다
신의 가호를－!
성호를 그으며 기도하는데
그럼 신은 누구 편을 들던고
오로지 지 편이지

그러니
인간의 몸속에다 그런 오묘, 교묘하고도
거부할 수 없는 장치를 심어놓은 신을 나무라다가
정히 안된다면
어떤 몸서리쳐지는 상황을 일으킨 최초의
원인 제공자, 그 수컷에게 마땅히 책임을 씌워야 한다
아니라면
여자가 계속 당하기만 해야 옳다는 거여 뭐여
당연히 힘이 부대끼는 상황에서의 꽉 치고 드는
기선제압으로 물컹하게 반쯤은 죽여 놔야제
그 놈의 피를 거꾸로 확 돌려놔야제
그리고 나서 이제 법이 들어서
차지고 얄팍하고 실팍한 대나무 회초리로
그 중간다리를 다듬잇돌에 올려 부르트도록 매질하여
어정버정 마구 흔들고 나다닐 수 없는 벌을
간격을 두고 년 중 열세 차례 정도 시행을 한다면
엇, 따가워
어디를 함부로 들이대겠는가

악한 법이다
더러운 기분 못 이겨
생목숨을 끊어버린다는데

한글

중국을 자주 간 편이다
막상 어디로 놀러 간다고 하면 한 가랑이에 두 발 꿰고
엎어지며 따라 나선다
거리가 가까워 이 신통찮은 몸이
오랜 시간 의자에 묶여가는 부담이 적어
늘 좋았다

배가 고파 허겁지겁 식당에 들어가면 바로 입구에
세워둔 난감한 글귀
보쌈을 하다 만약 적발되면 어떻게 한다고 적혀있는 경고문
자기들 한자말로 타포打包라는 말이 들어가
온 천하에 한국 사람이 도매금으로 넘어가고말고
일본이나 유럽에도 틀림없는 글귀가 붙어 있으니
여타한 사람들이 차라리 그 글이 한글, 한국 사람들이
쓰는 글이라는 걸 몰랐으면 좋겠다 싶은
생각이 들고말고
어떻게나 갖다먹고는 고스란히 또 어질러놓으면서
주변을 의식치 않고 웃고 떠드는지
대자유인이 따로 없어
어떤 이가 듣다못해
−좀 조용히 합시더!
하니까

-우리 놀러 나온 거 아녀?!
니들은 왜 놀 줄도 모르는겨? 라는 듯
억이 찬다, 억이 차
어마무시하게 소란스러운 그 남도 아닌 남들에 내가
쪽-압도되어 맥을 못 추다-이 팔려
당신 꽁무니에 숨고 싶었단 말이여

삶은 계란이 모자란다니까
주머니에 숨겨가지 마시오~

덕담

남이 잘 되기를 비는 말이란다
악담의 반대말

중국의 태항산太行山에 갔다
우리가 태산, 태산 하는 그 산이란다
그 옛날 시인 조조가 전쟁으로 춥고 배고프던 그 산과 골을
시로써 읊으며 지나갔고
수월찮은 세월 또 지나 6백년대에는 당나라의 미남 재상
적인걸이 그 산 위로 떠도는 구름을 바라보며
고향이, 부모가 그립다 했다하니 얼마나 오래된 산이던가
거기서 천사백 년이 지난 시방에는 한반도의 김수선화 보살이
그 산의 아래 기슭을 훑으며 신소리도 해대니

그러니까 중국은
크게 옛날도 아닌 80년대는 계림 쪽으로
그후 소주 항주, 시안의 화산, 황산, 장가계…구체부까지
다 팔아먹고는 이제 태항산
그 어마무시 넓은, 지상으로 딱 벌어져 끝을 잡을 수 없고
하늘 우로 크게 치솟아 옮길 수도 껴안아볼 수도 없는
그 겹겹으로 들어앉아 있는 산을
어느 무딘 곡괭이로 찍어내었는지
어느 힘 좋은 팔뚝이 기운을 썼는지

어느 세월에 캄캄하던 돌덩이 산의 배를 뚫어
가운데를 다 파내어 굽은 길을 내고 그 사이사이로
바깥이 내다보이는 창까지 만들어 빛이 들고
차가 씽씽 달리게끔 해놓았으니
참으로 만만디들의 우공이산愚公移山이 아니더냐
우공이산 – 엉덩짝이 무거운 자가 기어이 산을 저리로
         옮겨놓고 만다는 뜻
모르는 내 동무를 위하여 풀이한다
그 크나큰 땅덩어리, 가도 가도 끝을 보이지 않으려하는
대륙을 껴안고 사는데
어찌 거방지지 않을 것이며
남을 업수이 여기는 시건방이 없으랴

하여간에
곁에 붙은 먹고살만한 시점의 한반도, 조선 사람의 돈을
거대한 관광명소 개발을 순차적으로 해가며
쭉쭉 빨아먹고 야금야금 볶아먹는다는 것인데
산비알에서 농사를 짓는 깡촌의 가난한 촌민村民쪽으로도
뭣이라도 개발을 하여 관광객을 불러들여 중국 공산당은
그들의 살림살이를 세세히 보살펴 준다는 것이니
중국이 나 같은 한국 논다니들 돈을 다 빨아먹는다는 것이다
어지간히 다들 구경했다싶으면 딴 곳을 또 뚫어

시뻘건 글씨로 십 미터가 넘는 큰 바위에
쓱쓱 유려하게 써내려간
세계일제世界一梯
온 세상을 통 털어 젤 높은 엘리베이터를
높은 산에 수직으로 뚫어 그 속으로 내왕케 하며
그 구름 속에 숨어있는 신선의 앞마당까지 옮겨 준다고
외치고 있으니 장사가 잘 될 수밖에
그 높은 꼭대기서 추락이라도 한다면 하도하도 바닥이 깊어
시신은 커녕 지푸라기 한 올 찾을 길 없겠더라

거기서 나는 한 남자를 눈여겨봤다는 것이다
까맣고 깡마르고 키가 작은-
그 대륙의 강수량이 적어 물이 귀한 길바닥을
천날만날 차로 달리며 두 다리로 걸으며
어제그제 지겹도록 들쳐본 그 뭔
대협곡 칠천협 팔천협을 다시 또 안내를 하는
그야말로 뺑뺑이를 돌고 도는 직업
입은 침이 마르고 목에는 쉰 소리
눈 뜨면 같은 길바닥에서 같은 이야기를 해야 하는,
돌산을 타고 다니는 한 마리 외로운 산양이 되어
사람의 대가리 수만도 하루에 서른 댓 번은 헤아릴 듯
쉼 없이 그 관광지의 얽힌 속내를 읊어야 하는데다

수도 없이 싸내는 화장실, 갈아타는 차편에다
엘리베이터, 삭도, 세 끼니 식사에 갖가지 출입처…
아이구, 관세음보살님! 듣고 있니껴
저 중생의 메마른 삶을!

사박오일 여행은 노루꼬리마냥 더딘 듯 훌랑 지나가고
이제 그 남자와 내가 헤어질 시각
덕담을 해야제
-결혼을 하소, 인물 보지 말고
  결혼을 해야 돈이 되겠구마는
대륙천지를 떠도는 삶에 알뜰히 챙겨주는
여자 하나 없으면
고생고생 푼돈이 어디로 다 날아가 버릴지
품이 넉넉한 호박 같은 처자 하나 만나야제
그 왜소한 남자가 뭣 한다고 마흔을 훌 넘겨버렸다니

맘 같아서는
체류하며 일일이 챙겨주고 싶었지 ㅎㅎ

서운하냐?

만약
당신이 서운하다면
지레 뭔 헛물을 켠 탓이지

저 며느리 년이 50은 줄 것인데
30이 뭐여 30!
내 아들 성과급이 얼만데

이 나이 되었으면
내 것을 나누어 줘야지
뜯어먹을 생각을 한다니 끌!
내가 오래도 전
절간 해우소에 앉아 용을 쓰며
눈높이에 딱 붙여둔 어마무시한 가르침을
챙겨 받았다는 것이제

  대접을 받고자 하면
  늘 서운하다

그 후로
공짜는 바라지 않는다
그래서

한번도 서운하지 않았다
서운하다 싶으려하면
그 말을 바로바로 떠올렸다

잠수함

어느 글에서 읽었다
고래를 낚아 탁본을 했다는 얘기는 들어보지 못했다며
고작 몇십 센티미터의 고기를 잡아 어탁을 하며
우쭐대는 낚시꾼을 살짝 비웃는 이야기인지
인간의 작은 안목을 비웃는지
고리대금으로, 낚싯줄로 사람을, 물고기를 알겨
모가지를 낚아채는 인간의 야바위를 나무라는 것인지
물고기를 까꾸로 쳐들고 지들끼리 와자지껄하는 가운데
숨이 차는 고기가 몸을 치면 더 좋아라 웃어대니
거죽만 사람이여

하여간
중국은 하도 땅도 넓고 사람도 많고
민족도 수없이 많아
젤 많은 한漢민족외에 조선족을 비롯한 56개의
크고 작은 민족이 섞여 산다는데 그 역사가 만리장성만만 하겠나
실제 조선족들은 조선족이라 불리는 것을 그리 탐탁지 않게
여긴다 했다
약간 빈정이라도 상하는 모양이었다
그 이유는 딱히 모르는 것이 아니라 명색이 한 줄기에서
벋어나온 이 한반도 사람들이 더 그들을
낮잡아보는 때문이겠지

조선족, 조선족 가난한 족속
묘족 백족 화족 장족... 하여간 다 욀 수도 없는 민족이 섞여서
자기들 방식으로 뭉쳐서 산다고 하더라
그 넓은 땅덩어리 구석구석 틈새마다 죄다 다른 요리법으로
음식을 만들어 먹고 산다 하니
그 요리의 숫자는 죽을 때까지도 다 헤아릴 수 없단다
우리나라야 한글 하나뿐이지만 그곳은 또
삼만 개의 다른 문자가 있다고 하니 역시나
죽을 때까지 다 배워내는 사람은 없다네

그 요리의 수많은 재료, 못 먹어내는 것이 없는
중국의 몬도가네, 몬도가네는 잡다한 세상을 뜻한다니
이 넓은 세계의 땅덩어리마다
그 많은 갖가지 인종이 어떤 무엇을 먹고 사는가 하는
엄청스럽고도 징그러운 이야기겠지
그 중에 원숭이야 우리들이 익히 들은 얘기지만
정말로 원숭이를 앉혀놓고 둘러 앉아 수저로 따끈한
뇌를 떠먹는지 어쩐지 내 눈으로 보지는 않았어도
상상조차도 하기는 싫은 일이제
황제의 밥상에 오른다는 모기 눈알 요리
어떻게 앵앵 날아다니는 작은 모기들을 잡아
요리씩이나 해내는가 늘 궁금했는데 들은 얘기로는

박쥐가 모기를 잡아먹는데
그 중에 모기의 눈알은 소화가 안되는 터라 박쥐 배를 갈라
한 주먹을 쪄내는가 튀겨내는가는 내 알 바 아니고
그만큼 희귀한 것을 장만해 올린다는 얘기이겠지

그런 중국에도 못 먹는 것이 있다는데
날아다니는 것 중에 비행기
헤엄치는 것 중에 잠수함
땅바닥에 놓인 것 중 두 다리, 네 다리
그러니까 사람과 책걸상
근데 우리가 듣기로는 사람도 잘 장만해서
부드러운 내장은 틀니 할매가 씹어먹고 살은 잘 다져
만두소로 쓱싹 넣었다는 이야기는
야담과 실화 정도로 다 들었겠지만

이 한반도에 그에 못지않은 몬도가네
할매 산채 비빔밥-

이미 다 아신다고?

흠집

몇 년 전 새 경대 하나를 들였는데
둥근 거울 뒤편에, 그러니까 테두리 뒤쪽에
찍힌 흠 자욱이 하나 있었다
이동과정에서 끙끙대며 애를 쓴 직원은 교환해 주겠다며,
번거롭게 해드려 죄송하다는 얼굴이었다
나는 괜찮다고 말했다
그냥 작은 방으로 들였다
듣고 있던 아들이
-어머니, 바꾸시지 왜 그러세요?
-으, 괜찮어~

그리고 지금은
그 돌아앉은 뒤편보다
앞쪽에 더 많은 흠집이 생겨나서
뒤쪽은 관심도 없는 형편이다
굳이 그리 빡빡할 일이 없는 경우도
우리 삶에 더러더러 있는 것이다
내 시야가 긴 것인지
아들이 나보다 세상을 조금
덜 살아낸 탓인지 ㅎㅎ

따지기

사람이 나이 들어가면서
평생 듣고 본 엄청난 분량의 유식함이 쌓였다 해도
어지간하면 따박따박 따지고 들지 말아야 되겠더라
늘그막에 어떻게나 따져 붙이는지
친구들이 저만치로 다 달아나버려
혼밥이나 하고 말지
그것도 덫이여
물 같은 달변, 막힘없는 능변
모르는 듯 천치인 듯
개떡같이 말해도 찰떡같이 알아들으라는 옛말이
참으로
실감나는 시절이여

소개팅

딸이 결혼 전에
어떤 놈이 어떨 놈일지 이런저런 걱정과
쓸없는 미래의 불안 상상을 당겨하던 가운데
내가 잘 아는 사람의 아들과 찻집에서 만나게 했다
그 총각은 회사에서 일을 곧잘 해내고
승급도 좋은 가운데 출장을 갔다오는 길에는 모친의
좋은 가방도 하나 챙겨오는 효자였다
내가 장모가 된다면 당연 프라다 하나는 얻어걸릴 것인데
그 엄마 되는 사람도 참 어디 하나
버릴 것 없는 사람이었다
그런데 그날 그 총각이 테이블 위에 티슈나
자잘자잘 찢으며 접으며
도저히 말문을 이어가지를 못해 딸이 그 길지 않은 시간을
마주 앉아 진땀을 뺐다고 하는데
그 길로 다시 보지 않게 되었다

그 한참 후 나는 그 모친을 만나게 되어
아들이 자라면서 무슨 야단을 맞았나 어쨌나 물어 보았다
나도 참 어지간히 경계를 뭉갠다는 것이지
왜냐면 총각이 그런 자리를 장가를 갈 때까지는
더러더러 가질 것인데
그 엄마에게 약간의 정보를 주고 싶었지

아, 그것이 내 자식 일이라 생각하면 안 떨어지는 입이라도
무겁게 열어는 봐야겠지
그랬더니 그 엄마 왈
그 아버지가 어릴 때부터 계속 아들에게 야단만 치고
왜 그랬냐 왜 저랬냐며 칭찬을 한 적이 없었다네
그 길로 누구 앞에 나서지 못하고
자신 있게 말을 트지 못해 사실 애를 먹는다고 했다
그 아버님 당신은 으샤으샤 자신만만 활개를 치며
사방팔방 즐거운 삶을 살아가면서
자식 하나를 영 눌러 놓은 것이다

내 자식들이 어릴 때 참 지지리도 공부를 안해서
내가 속이 터져
-야야, 느그 친구들 중 돈 없어 공부 못하는 아 하나썩
 델꼬 오나라
몇 번이나 말했건만 새끼들이 그런 친구를 물색하지도,
데리고 오지도 않았다
그래도 내가 그 정도에서 그쳤지만
함씩 칭찬을 왕창해 주긴 한다
-야야, 니들은 공부를 했으면 박사를 해도
 몇 번은 했을 낀데~
내심 새끼들이 히죽 웃는지 어쩌는지

-우리가 참 공부는 세트로 다 안했네...그치?!

새끼 기를 죽여 먼 영화를 보시겠다고

보하

보하寶河 – 보배로운 물

개돼지 사람 소 고래 피라미 더덕 미더덕 꽃잔디
꽃기린 소나무 동백…짱뚱어 하마…
땅에 사는 모든 생물은 물을 먹어야 살 수 있다
가뭄이 오래 들면 다 말라 죽는다
내가 오늘 아침 베란다로 봄빛이 기우뚱 들어서니
반가워 물청소를 했다
마른 개똥도 치우고 엉성엉성 꽂혀있는 화분에 물도 찍어 주고
묵은 잎 떼어내어 빗자루로 쓸어내니
슬리퍼에 찬물 들어 하얀 발가락도 깜짝 좋아라 하더만
침침하던 집 한 귀퉁이가 말끔해지며
마음에, 창틀에 겨우내 앉은 더께와 쥐벼룩이
먼지가 다 뛰쳐나가 버리고나니
활짝 개운해졌다
봄이다

그 물청소하는 순간
보하청정 덕수장엄이라는 말이 떠올랐다
보하청정덕수 寶河 淸淨 德水 장엄
장엄莊嚴 – 그 뜻에 맞게 잘 갖추어 놓음
인간이 사는 세상이 저토록 맑은 물로 장엄이 되어있어

만 생명이 다 살아가고 있다니 참, 어느 조물주가
인간을 절절이 사랑하사 물을 함께 주셨는고
어찌 그리 갖추갖추 빈틈없이 챙겨 놓으셨는고
그나저나 다
물의 덕으로 말갛게 때를 밀어 거지꼴을 면하고
갖가지를 흔들어 마셔 목마름이 없다하니

물값이 턱없이 싸다 해도
줄줄 흘려보내지 마시고

무심이 지나쳐

삶에서 발생하는 모든 오류는 다 남의 탓이라고
밀쳐버리는 사람이 있다

살다보면 돈을 끌어올 때도 있고 본의 아니게
내다 버릴 때도 있는 것이 사람살이 기본인데
500원짜리 하나 뎅그렁 떨구어 버려도
곁에 사람 실물수를 나무라며 지가 그새 개 똥 싸듯
날려버린 것은 새까맣게 물시하려 하니
참, 사람이 요사스럽지
그런가 하면 만사에 오뉴월 조청처럼 들큰하고 눅어
지 일도 남의 일인 듯, 마누라 일인 듯
더없이 무심한 사람이 있어
당신 하고 싶은대로, 당신 좋을대로 다 하세요~
군말씀 하나 곁들이지 않는 온화함이 있으니
당신이 무슨 짓을 해도 내가 탓을 않을 것이여
당신이 집을 팔아 변두리 지하로, 깡촌으로,
저 강원도 화전막으로 든다고 해도
내가 끝까지 사랑하는 당신 따라갈 것이여~
허이구, 따라올까 무섭지

이런 경우는 역으로 말하자면
돈을 다 까먹고 더 이상 밑천이 없어

집에서 나뒹군다 해도 나한테 신경 하나 쓰지 말고
당신 뜻대로, 당신 방식대로 살 궁리를 해보소
말하자면 짐 덩어리로 얹혀살겠다는 거지 뭐
동자개-빠가사리라 불리는 물고기-억센 뼈다구와
물텀벙-아구-의 물렁뼈마냥
인간의 간극은 넓고도 좁은 것이어서
하여간
무엇 하나 당신이 책임지지 않고 마누라에게 씌우려는
까다롭거나 물러터진 무심의 공통점
이쯤에서 우리가 다시 한번 생각하기를
참, 요지경瑤池鏡 세상 속을 비춰보니
복잡하고도 알쏭달쏭이여

무심이 지나치면 무용지물이여~

기러기 아빠

외로운 아빠
혼자 사는 아빠
혼자 끓여먹는 아빠
혼자 잠드는 아빠
아무도 없는 집에 사는 아빠
스스로 걸어 입는 아빠
아무도 말 시켜주지 않는 아빠
아무도 염려해 주지 않는 아빠
오거나 말거나 아빠
집이 있어도 가정이 없는 아빠
혼자 죽어도 모르는 아빠
지붕 아래 노숙자
웃음이 없는 아빠
실없는 아빠
노예 같은 아빠
돈만 벌면 되는 아빠
자식에게 다 빼앗기는 아빠
자식과 대면하면 서러운 아빠
아빠도 아닌 아빠
자식도 아닌 자식…

하여간

나는 늘
그런 기러기 아빠가 되겠다거나 혹은
기러기 아빠라는 뼈진 삶을 안겨주고
자식을 껴안고 비행기 타는 그 아내들을 이해할 수가 없었다
아이들이사 부모의 결정에 따르는 것이겠지만
한창 자식이 자라날 때의 그 투정 이쁨 사랑스러움
미움의 시간을 죄다 허투루 해버리고
10년, 15년의 그 소중하고 아까운 시간을
저리로 밀쳐 둔다는 것이 과연
무슨 의미가 있나
부부도 서서히 그만한 세월에는 남이 되어가서
한 낱 미운 애정마저 달아날 시간인데
참으로 인간의 무지한, 거꾸로 가는 엉터리 궁리에
전도몽상轉倒夢想, 엎어지는 헛된 꿈이다
부처님께오서는 전도몽상 하지 말라고
누누이 말씀하신다
그리하여 자식이 번쩍해진들
무엇 하겠는가
그리고 번쩍할 것이라는 걸 누가
보장이라도 했던가

함께 부대끼며 투덜거려보지 않은 시간은

애시당초 없었던 시간이나 마찬가지 아니겠나
부모자식으로 만난 적도 없는 시간
새삼스레 낯선 이방인으로 훌쩍 만나본다면
서로 눈치보며 힘들고 껄끄러울 시간
가족 중 누가 과연 행복할 것인가
아내? 딸? 아들? 기러기? 직박구리?
내가 그 속속들이를 다 알 수는 없지만
기러기 아빠 중 누구라도 그 결과가 행복하여
이 글이 조금 섣불리 쓴 글이 되어버리면
좋겠다

가련할 한 남자의 인생을
먼저 심사숙고해 보시길

이석증 耳石症

사실 나는 그 증세가 나타났을 때
이석離石症인줄로 알았고 여태까지도
그리 알고 있었는데 이 글을 쓰면서 찾아보아
耳石인 줄로 알게 되었다
왜냐면 의사샘의 말씀이 귀안의 동그란 고리 위에
붙어있어야 할 돌이 떨어져 나갔다는 것이었다

어두일미라고
조기대가리를 빨아먹다가
그 머리에서 작고 하얀 돌을 발견했을 때
-이건 또 뭐여? 엇다가 쓰는 것이여?
신기했다 그것이 물고기가 헤엄을 칠 때 중심을 잡아주고
그 돌의 크기에 따라 물고기의 나이를 알 수 있다니
참 희한하다, 돌이 자라난다니
그리 꼼꼼한 부속으로 짜맞추어진 사람이나 동물이라니
신비롭고말고

당연히 판판한 바닥으로, 곧은 수직으로 서있을 기둥들이
그 어느 날 분명치 않은 물체인 듯
어디로 발자취를 떼어 움직이려는 듯하더니
그 다음 날은 바닥이 구불구불해지며
직선으로 반듯반듯하던 집안 전체가

곡선으로 울렁거리는 것이었다
어디를 단단히 붙잡고 눈을 꼭 감은 채
버티어야 하는 상황이었다
그래서 엉금엉금 바닥을 기어나가 저쪽으로
하나밖에 없는 남편을 불렀다
본시 대답을 잘 안하는 작자지만 내가 자존심을 뭉개고
몇 번을 거푸 불렀다 제길!

세상에 당연한 것은 없다고 배웠지만
대체 이 몸땡이는 무슨 일로
그날 그리 당연하지 않았느냐는 것이지
처절하게 바닥으로 기어보게 하느냐는 것이지
어지간하면 상종을 않으려는 남편을 그리 간절히
불러보게 하느냐는 것이지
내가 뚫린 눈구멍으로 또렷이 만 가지를 다
내 맘대로 바라보고
가로 터진 입으로 수 만 가지를 씹어 묵고
수억만 가지 말을 도로 내뱉으며
버젓이 서서 잘 걸어가고 있는데
대체 무엇이 들어
나를 그 바닥으로 꿇렸다는 것이더뇨

거기서 나는 통상
실체 없는 삶, 실체 없는 나-라는 거대한 관념의,
알아들을 수 없었던 포괄적 말씀을 다시 어금니로 꼭꼭
단물이 나올 때까지 씹어봤다는 것인데
말로 하자면 무아無我-실체 없음-에 대해
한번 더 고찰하게 되었다
그날은 그 어디에도 늘 그렇던 나는 없었다
이 틀림없다 싶은 몸뚱이가
젠장, 그날 아침에 우스운 꼴이 되어버렸지
빈 자루처럼, 벗어놓은 옷가지처럼
무기력해졌지

그 어디에도 실체가 없다는 부처님 말씀은
구라가 아니었구나…
가리늦게 깨달았다

알 수 없는 당신의 마음

그런데 그 이석중의 날
본시 남의 말을 들어주지도 않고
자신의 이야기도 당최 하지 않아 일찌감치
원수로 매국노로 밀정으로 찍어둔 남편이
앞장서서 차 태워 병원 수속 밟아 사진 찍히고
병원비까지 계산을 했다니
식견이 멀쩡하지 않았는가
어찌 그 사이 그리도 깜깜한 인사로 행세했는지는
수수께끼여
남편의 실체가 어디에도 없어
바깥으로 나가면 아기자기 딴 여자들 편
집구석으로 들면 생판 모르고 싶은 남남으로
인간의 실체가 없어
내가 이리 신물나게 실체 이야기를 하는 이유는 사실
그 실체 없다!는 말을
도무지 못 알아먹었다는 말이여 내가

저 몇 번을 바꿔버리려던 마누라도
알고보니 당연한 것이 아닌갑네, 라고 남편이 좀 확실히
이참에 깨달았으면 좋겠네
생전 아파도 드러눕지 않고 꼬박꼬박 악다구니나 하고
빨래 청소나 하던 저 여자도

저토록 망가지는 날이 온다니

그날은 남편이 너무 고마워
나머지 생의 어떤 밉상도 받아줄까 싶었지만
똥 누고 나니…

제5부

고독

-똥 누나?
-응
-문은 와 열어났노?
-외로바서

삶의 본질

삶의 본질은
미안하면 미안하다고 말하는 것이다

이 말은 내가 이미 그 여자의 이쑤시개에서 읊었다
그 책 읽어봤나?
하여간
삶의 본질이 뭐 그리 어렵고 대단한 것일까
사실대로, 있는 그대로 말하고 행동하는 것이다
모든 진리는 단순명료하여, 너무 쉬워서 오히려
맹랑孟浪한 인간들이 습득을 못하는 경우가 더 많다니 츳!
맹랑 – 상대하기가 매우 어렵고 묘하다

전쟁을 일으켜
세상을, 사람을, 울창하던 숲을,
인간의 손으로 만들어 일으킨 절판된 거룩한 유물들을
죄다 박살을 내어버린 20세기 전쟁범죄의 대표로는
독일과 일본이 있었으니
그 죄를 낱낱이 우리가 다 헤아릴 수가 없어 오히려
죄가 묻혀도 갈 것인데
독일은 1970년 겨울 빌리 브란트 당시 총리 되시는 분이
전쟁으로 희생된 사람들 앞에 무릎을 꿇었다
무릎을 꿇는다는 것은

인간이 말로써 어떻게 표현할 수 없을 때 나오는 행동이라고
인간이 별 생각 없이 저지른 악행이
참말로 크다는 것이지
참말 그 빌리라는 남자는 예리하고 미세하게 세상을
바라본다는 것이지
장차의 독일의 입장까지 내다보지 않았을까
프랑크푸르트 공항에 그 남자를 소환하여 세월처럼
만나고 싶었지

그날로 독일은 정직한, 삶의 본질을 알아버린 민족으로
급부상하는 것이다
생각이 반듯한 사람 하나가 독일을
수렁에서 건져 올린 것이다
나쁜 짓을 했다는 사실을 어렵사리 인정한 것이다
세상 어디를 나가도 이제 떳떳한 민족이 된 것이다

너희 일본은 세상 끝날 때까지 쭈그러져 있거라
절대 사과하지 마라
내가 안 받아 줄 것이다 ㅎㅎ

수처작주隨處作主

놀기 삼아 오락가락해보는 절 법당에 세로로 걸린
수처작주
서옹 스님의 필체란다
뜻이 우리들에게 어려운 것은 말할 것도 없고
대체 어디에 쓰는 글자인지 그림인지도 모르고
덩그러니 주인 없는 공산명월로 걸려있다는 게
또한 내 맘에 걸렸다는 것이다
그 뜻을 모른다면 아무리 훌륭한 그 무엇도
나와 무관한 것이 되고만다

그래서 나는
무르익어 뭉개진 듯한 서체로 일필휘지해놓은
스님의 알아볼 수 없는 수처작주를
또박또박 정자로 써서 외람되이 해석을 붙여 보았다
어디에서나 모범을 보여… 잘하라는 뭐 그런 뜻을
써 붙인 것 같다
왜냐면
우리 대부분이 〈주인이 되라〉는 말을 못 알아먹을 것이며
나 또한 풀어낼 깜냥이 안 되는 줄 알지만
영 멍뚱히 세워두는 것보다는 그래도
훨 낫지 않을까 싶었던 착각

어느 스님의 책을 읽는 가운데
지은이가 서옹 스님의 곁에서 잠시 수발을 든 이야기를
만날 수 있었다
미국의 한 선禪-잡다한 생각일랑 날려버리는
명상-연구학자가 스님이 계신
그 깊은 전라도 골짜기를 찾아 들었는데
마침 서옹 스님은 출타 중이시라 며칠간 그 덕현 스님이
조석이며 잠자리를 보살펴 드렸다는데
그 사이 학자는 스님이 돌아오실 때를 기다리며
여쭈어보고 싶은 것이 얼마나 많았는지
메모에 메모를 거듭하며 질문지를 만들어
며칠 사이 질문이 쌓여 두툼해졌단다

그리고 기다리던 서옹 스님이 돌아오셔
학자는 큰 키를 접으며 천천히, 어설피 예를 올렸다
노스님은 이방인을 바라보며 환히
미소만 짓고 계셨다
내 생각에는 아마 삶의 깊고 깊은 한 마디를, 두어 마디를
알아보려 그 먼 길을 오신 학자가
귀하고도 고맙지 않았을까 싶다만
사실 내사 모르지
그런데 그 학자의 눈에서 주르르 눈물이 흐르기 시작하여

그칠 줄을 모르고 콧물까지 범벅이 되었다
덕현 스님은 이 상황을 통역할 수도 없었고
통역할 필요도 없었다
  마음에 분별이 생기기 이전의
  근원에서 샘솟는
  카타르시스의 물줄기
라고 책에서 표현하셨다
내 속에 나도 모르게 가득하던 어떤 감정이 한번에
녹아내리는 것이라고

노스님의 얼굴은 시종 잔잔한 미소로 가득하시고
학자의 울음이 어느 정도 거두어져 덕현 스님이 말했다
―이제 질문하시죠
―괜찮습니다. 아무것도, 여쭤볼 것이…
  질문이 없어졌습니다
질문이 없어지다
더 이상 무슨 말이 필요하다냐
내가 참 뭘 모르긴 해도 공감은 좀 되는도다 싶으니
사람 수준 별 거 있더냐
공감만 제대로 한다면 다 같은 수준이지 뭐
아, 당신의 이러저러한 맘을 알아봐준다면
불교는 끝이 난 것이여

하여간
내가 입만 까진 것인가--!

그런데
그 수처작주-
세상에 태어나 별 짓을 다하고 별 꼴을 다 봐야하는
우리들의 인생 무대에서
남에게 질질 끌려다니지 않는, 어딜 가든 스스로
당신의 일을 결정해 가는
삶의 주인공이 되라는 뜻이라니

참 쉽고도 어렵지요잉~

별

짙푸른 오월의 무성한 잎새를 들추며 가만히
세상을 들여다보는 노란 감꽃은
내가 늘 그리워서 원망하던
나의 별이었지
별 하나 가슴에 품지 않고 어떻게 이 짜붙이는 세상을
살아가겠는가,
나의 님이여

1950년 난리통에 납북되시어 사망하신
소설가 춘원 이광수님의
애인이라는 제목의 시를 오늘 내가 별 대신
비춰보려 하는 것이다

애인

님에게는 아까운 것 없이 무엇이나 바치고 싶은
이 마음
거기서 나는 보시를 배웠노라

님에게 보이고자 애써 깨끗이 단장하는 이 마음
거기서 나는 지계를 배웠노라

님이 주시는 것이라면 때림이나 꾸지람이나 기쁘게 받는
이 마음
거기서 나는 인욕을 배웠노라

자나 깨나 쉴 사이 없이 님을 그리워하고
님 곁으로만 도는 이 마음
거기서 나는 정진을 배웠노라

천하天下 하고 많은 사람 중에 오직 님만을 사모하는
이 마음
거기서 나는 선정을 배웠노라

내가 님의 품에 안길 때에 기쁨도 슬픔도
님과 나의 존재도 잊을 때에
거기서 나는 반야를 배웠노라

아 이제 알았노라 님은 이 몸에 바라밀을 가르치려
짐짓 애인의 몸을 나투신
부처님이시라고

이광수님의 애인은 육바라밀이라는
다른 제목으로도 불린다
바라밀 – 삶을 완성해 가려 작정한 사람들의
      여섯 가지 꼭 지켜볼 일

남에게 아까운 내 것을 집어주는 보시報施
허튼 짓 않고, 틀림이 없게 살아가려는 지계持戒
모욕이나 꾸지람도 너끈히 받아들이는 인욕忍辱
몸에, 손에 붙어 익을 때까지 되풀이
되풀이하는 노력 정진精進
부산스럽지 않는 마음의 고요함 선정禪定
그리하여 최종적으로
자신의 삶을 함부로 굴리고 업신여기지 않는 지혜智慧

보시, 지계, 인욕, 정진, 선정 다섯 가지를 잘 이끌어
드디어 지혜를 얻게 된다면 비로소 삶은
근심 걱정을 대강은 놓아버릴 수 있는
편안함으로 갈 수 있다고 한다

아이들의 흔적

글의 색깔이 예전엔 죄다 까맣기만 했겠지
요즘은 얼마든지 색을 입힐 수 있으니
참으로 요술 같은 세상이다

지금 내가 사는 이 집은
전에 집 주인이 두 번 세를 놓았다는데
객지에 발령받아 한 이 년을 혼자 산 남자와
그 후 아이들이 둘 딸린 젊은 부부였다고
내가 이사를 와서 보니 한동안 구석구석
그 아이들이 갖고 놀던 손마디만한 인형이나 장난감들이
문틈이나 어디 틈새에서 발견이 되어
그 아이들의 즐거운 시간이 연상되어
내 마음이 따뜻해졌다
괴발개발 까만 영어 글도 익혔는지 쓰리 three 삼
괴발개발 – 고양이, 개 발자국처럼 글을 어지러이 쓴 모양
문틀에는 키를 재던 연필심이 그어져 있고
엄마 사랑해–라는 낙서를 봤을 땐
서대문 감방에 못인지 손톱인지로 긁어놓은 처절한 문구
엄마, 배고파요–가 생각났다
엄마가 있으면
나는 절대로 배가 고프지 않다는 말이다
그렇지만 엄마는 언제까지 내 곁에 붙어있을 수는 없는

존재이다

그리고 냉장고 아래로는 수많은 패인 흉터가 있는데
껑껑 얼어붙은 것들이 뭉쳐있다가 문을 열자
바닥으로 쿡쿡 떨어진 것이겠지
욕실문은 완전히 바닥 쪽이 헐어 너덜너덜
쇳물까지 벌겋게 배어 나와 있어
하는 수 없이 몇 군데 수리에 들어갔다
문을 뜯어낸다고 드릴소리로 온 아파트가 왕왕 울린다
그 와중에 소심 민감한 우리 집 똥개가 와들바들 떨며
이곳저곳 소리가 안 들릴 책상 밑으로
추레하니 피해 다니니
어디가 그 굉음이 안 들릴 것이며
평소에도 비닐이 바람에 빠지락 소리 내거나
커튼자락이 건듯 날리면 깜짝 놀라 걸음을 헛물리곤 했다
어이구, 그려, 니 그 맘을 나는 절대로 모르지만
-간댕이가 그리 작아 사는데 힘들 것다야~
했더니
기사양반이 크게 웃었다

애들이나 새끼 개나 다
사랑으로 키우되 강심장으로 키워야 한다

그래야 휘황찬란, 치사찬란, 요란벅적할 인생을
뚝심으로 밀쳐나갈 것이다

무제

무제無題
딱히 어떤 제목을 갖다 붙이고 싶지가 않다

황금빛깔 흙을 파내고
그 숲의 정기 서늘하게 펼쳐진
일백년 체중이 순간에 허르르 가시는
황토의 어느 가슴팍에
기다랗게 누워
거북이처럼 흙을 잘 덮어 봐

아침에 눈뜨지 않았으면 좋겠다는 사람들을
누가 다 헤아릴 수 있으랴
자식은 이 쳐지는 몸뚱이, 다 살아낸 몸뚱이를
한참 후에나 경험할 것이니
그 부모자식간의 애착만치나 통증마저 공유가 된다면
자식들은 나더러
-어머니, 오늘, 아니 지금 당장
  세상을 버리세요!
라며 나의 짐을 덜어주려 할 것이다

  세상은 하루를 더 살아도 부족하고
  하루를 덜 살아도 충분하다

참말로 뉘라서 이런 절묘한 문장을 내셨는지
어찌 그리 삶의 진실한 뜻을
한마디로 정리해 버리신다니
세상에 최초의 사람이 생겨난 이후로 그 숱한 인간들이
그 비릿한 삶 속에서 무슨 생각을 않았을꼬

하늘 아래 새로운 맘은 없도다
하늘 아래 새삼스런 글월도 없도다

인생 별 거 있나!

니 인생 별 거 없었다고 남의 인생까지 그리
싸잡아서 정리해 버리면 안되제

일생 제자리에 서서 저리 살아내는
몇백 년, 천년된 나무에 비한다면 사람살이 칠, 팔십
순간이고 가소롭지
지금이사 명이 늘어나 백이라 한대도
저 나무에 비길쏜가만
니가 인생 뭐 별 거 있냐며 개똥철학으로 허튼버튼
쭉정이로 살아간다면
참말로 니 인생이 겁나 지루할 것이여
일백 년 가까운 시간을 먼 헛지랄 해대며
그 시간을 다 때워본다 해도 지겹기만 하지
그렇다고
어디다 불이나 확 놓고 칼 휘두르고 하지는 말아라
저 착한 나무 좀 쳐다봐라
꽃 열매 뿌리 줄기 이파리 껍질 죄다
폭 달여 내면 다 사람을 도우는 약이여 약
그러니 니도 쓸모 있는, 도라지, 인삼 당귀 같은 사람으로
알차게 살라는 것이여
누구에게 도움을 주며 살라는 것이여
그리 쫀쫀하게 살아놓은 끝판에

인생 뭐 별 거여?!
해버린다면 그래도 조금 용납이 되겠지만

쓸없이
별 거여? 해버린다면
니만 웃기는 거여

항복기심

불교의 경전 중 금강경에 보면
어떻게 이 마음을 항복 받을 수 있느냐?! 묻는 구절이 있다
항복기심降伏其心
그러니까 남에게 내가 항복을 하는 것이 아니라
내가 나에게 항복할 수 있느냐고 묻는 것이다
내가 나를 속이지 않고
내게 속아 넘어가지 않고
언제나 사실, fact만을 말할 수 있겠는가
그러니 어디 대놓고 무슨 거짓말을 하는 것들이 다
나를 속이고 나에게 속아 넘어간다는 말이다
항복기심
참으로 힘들고 뜨거운 인간의
보편적 명제이다
참말만 하려는 인간이 어딨더노

그런 마구잡이의 마음을 어떻게 순순히
엎드리게 할까를
부처님께 간곡히 묻는 대목이
금강경에 여러 번 등장하는 것이다
역부로 부처님께 그리 물어보심은
그 많은 대중이 다함께 그 물음의 답을
귀담아 듣게 하고 싶은 자비심일 터이다

사실 지 마음을 항복시킬 수만 있다면
그만치 세상 살아가는 데 헛심 빼지 않고
골머리 작작 썩히고
선선하게 사는 일이 가능하다는 말이겠지

마음의 근본을 잘 짚어주는 금강경을
거푸거푸 읽어 보십시다
니는 그리 읽었냐?
이제 그러려고

늙은 오이

친구가 마당에 열린 단 두 개의 오이 중에 하나를
내게 건네주어 내가 그 마음에 소중함을 알아
절대 물켜버리지 않을 것을 다짐했으나 이미
오이소박이도 만들어 놓은 다음이라
이 아침에 그 늙은 오이, 노각이 약간
짐스러워지려고 했다
그래서 나물을 만들 요량으로 도마에 놓고 다각다각
채 썰어가는데 어떻게나 그 열린 뱃속의 색깔이
옥색으로 고왔던지
내 마음에 그 선한 물빛이 점점이 스며
내 시덥잖이 검푸른 마음들을 싹 쓸어버렸다

그려, 본디 짜지도 맵지도 않은 이
흙에서 절로 가만가만 돋아난 것이여!
사람도 그렇지 아니한가
시꺼먼 아랫도리 밀고 나올 때는 그리 땟자국 하나 없이
보드랍고 따끈하고 맑은 것이더니
사람 손을 타면서 고마 성질을 부리고 똥을 싸내고
잡아째는 소리 삑삑거리는 불평에
나중에는 도적이 될지 성인군자가 될지 아무도 모를
하나의 어른거리는 허상虛像이 되고 마느니

내가 영광도서 앞을 지나다 그 앞에 헐값으로 풀어놓은
책들 중에 한 권을 집어 그 제목이
  백범 김구 자서전
흰옷을 입은 평범한 조선 사람이라는 뜻이라네 백범白凡
그 글의 초입에 보면 그 당신은
원체 책을 즐겨 읽어, 후에 애국의 싹을 만만치 않게 키울
자질을 이미 그때 그 많은 책으로
바탕을 다지고 있었는가도 싶었다
말에 무식이 가득하면 말발이 서겠는가
어느 백성이 내 말을 고개 끄덕이며 들으려 할 것인가
그때 김구 선생이 읽은 책 중에는
상相—바탕, 얼굴의 생김새—에 관한 내용이 있어
가만 읽어보니 당신의 관상이 흉상에 해당되는지라
덩지가 크고 입이 또한 바소쿠리—싸리나무로 짠
삼태기—만한데다가
백힌 이는 굵고 사나워ㅆ고
얼굴은 양쪽으로 광대뼈가 툭 불거져 하아—!
고민이 되었다는 것이다

그런데 거기에는 또 해답도 있었으니
흉상을 면할 비방이 있었다
좋은 마음을 가지면 그 모든 게 묻혀갈 수 있는

새 얼굴이 된다고 적혀있어
그 즉시로 상을 바꾸고야 말겠다는 결심을 한다는 것이다
어떠한 그른 짓도 않고 살겠다는 다짐을 했으니
그만치 마음 씀이 중요하고
이러저러한 습관을 바꾸어보겠다는
결심이 중요하다
어떤 빛바랜 사진에서도 백범의 모습은
그 평정심으로 고요하거나 허연 이를 드러내고
자상히 웃는 모습이지 않았던가

저 도마 위에 노각처럼 나도 한 번
푸른 물 도는 순정이고 싶구려

남편

예기치 않은 장소에서 남편을 마주치는 날

저 맞은편에서 걸어오는
각이 허름한 실루엣의 남자

혹은
엘리베이터 안에서 예고 없이 마주치는
완벽한 타인도 아닌,
그저 객관적인 냄새의 남자
낯설고 초라하여

지잉—
마음이 울컥이던 날

은혜

옆집 아재보다 못하다싶던 남자를 언제부터인가
내 도道를, 덕행을 이루게 하는
하나의 부처로 모심이 내 배짱이 편할 듯하여
곰곰 그의 선행을 더듬어 보기로
맘을 먹었지
한번도 나를 존중하거나 내 주변을 존중해 주지 않은
내겐 없어도 그만인 남자로 오금팽이를 박아두려 해도
적으나마 내게 돈을 갖다 바쳤는데 어찌
남의 남자에다 비교하리오
어찌 내가 그 남자를 한번도 사랑하지 않았을 것이며
열두 번 정도 아니, 열세 번 정도는 사랑했겠네

그래도 내가 어디 여행을 간다고 하면 지금이사
달러를 성의껏 바꿔, 물론 내가 사양을 하긴 하지
내 본시 허황된 마음이 없는 절제된 여자라
그 뭐 다문 얼마라도 남자의 것을 빼먹겠다는
생각은 통 없는지라
있는 자투리로 충분하다고 말을 해싸도 기어이
100부터 1달러까지 갖추갖추 장만하여
클립으로 콕콕 집어주니 그 일 달러짜리는 아마도
숙박에 팁으로 쓰라는 말이지
아니, 그렇게 식견이 꼼꼼 멀쩡한 사람이라니

그건 내가 이생에서는 도무지 알아볼 수 없겠는
희유한 일이라

어느 날 엘리베이터를 같이 타고 내려가다 무슨 말 끝에
—여보, 제발 잘 해줄라 하지말고
  싫다는 짓이나 좀 마소!
하니 곁에서 듣던 배달 아저씨가 웃었다
당신도 그렇게 산다는 뜻인지
그리고 더하여
그리 힘든 직장은 우찌우찌 끄나풀로 근근이 이어
이제 연금이 나온다니 장하지
나는 친구들에게 내가 참고 또 참으며
저 인사와 끝끝내 살아낸 것은 오로지
연금 때문이라고 공공연히 말하긴 했다
지금이사 또 그 연금이 어디가 그 남자의 것이란 말고
내가 죄다 가로채어 쓰는 것을
사람이 참아내다 보면 하답다운 부귀영화도 보는 것이라
당신이 일생 벌어 모았어도 이제는 다
내 것이라는 말이지
내가 춤바람이나 노름에 처박아버렸다면
니가 어쩔 것이여
그러니 끝판에 와서 서로 빚진 것은 없다는 말이여

-근데
 느 신랑도 딸라 바꿔주나?!

궁금하여

언제나 먹는 것이 부족하여 안쓰러운 강아지
사실 부족하지는 않아 오동통
과체중의 비만이다
다만 끝없이 먹는 일에 올인하는 짐승이다

나는 진짜로 궁금한 맘이 들어
보리의 귀에 대고 한번씩 물어본다
—보리야, 할매 만나 행복한겨?
—여보, 영감, 당신도 행복혀?

개뿔!

진정 사랑했나요

눈썹을 싹 밀어버리고 그 위로 예리한 볼펜으로 그은 듯
가느다랗고 이색적이던
프랑스의 국민가수 에디뜨 삐아프는
가족이 있는 남자와 연애에 빠졌다
그 남자는 뉴욕에 공연을 와 있던 에디뜨에게 전화를 넣어
―뉴욕 하늘 아래서 외로운 프랑스인들끼리 만나자
고 말한다
어느 여자가 맨발로 달려가지 않으리
타국에 가면 다 연애하고 싶지

그리고
그 남자는 가족에게 돌아가면 오래 소식이 없거나
하루에 한번은 아내에게 꼭 전화를 걸었다는 것이다
그런 사실을 에디뜨는 한 번도 알은 체 하거나
기분 나쁘게 생각하지는 않았다고
왜냐면 그 남자를 사랑했기 때문에
그 남자가 하는 일은 말리지도 않았고
그 남자가 사랑하는 가족들을
질투하지도 않았던 것이다
내사 그리 못하지, 당연――!

진정 사랑했나요?

그렇다면 사랑이 깨어진 후에도
그 사랑을 함부로 말하지 마세요

많이 컸다 야

예전에는 한참 지 아래다 싶었던 사람이
어느 날 자기보다 커 보일 때
살짝 부아도 나고 질투도 나고 해서 하는 말이
—야, 너 많이 컸네!

그려, 사람은 몸이 쑥쑥 자라듯이
마음도 따라서 널널하게 커지면서
발전이 있어야 하는 것이다
니가 마음에 앙금을 담아두고 그리
비아냥거릴 일이 아니구먼

사람이 맨날 같은 자리에서
꼭 같은 답답한 생각만 하고 사는 꼴을 본다면
그 사람이 많이 커준 것에 대해서는
오히려 감사해야 할 일이다
잘 웃지도 않고 깊은 물에 잠겨 있는 듯하던 사람이
어느 날 만나보니 예전과 다르게
사람이 활짝 피어나 있다면
얼마나 내가 안심이 되겠는가
에고, 저거 저래가 어쩌겠나 싶던 어린 눔에게서
어느 때 멋진 청년의 기색이 엿보일 때
얼마나 대견하다냐

그러니
당신, 앞으로 그런 싹수없는 말 마소
니 팔자 구겨진다

남자라면

그래도 명색이 사내라면
여자가 좀 미더워하여 졸졸졸
의지하고 싶어야할 것이다

어떻게 살 것인가라는 책의 저자 유시민님
나는 웬만한 사람은 님이라고 안 부른다
님이 넘쳐나는 허울뿐인 님들의 세상
지 돈벌이에만 갖다 붙이는 님
순 장똘뱅이 같으니
휴대폰 보험 홈쇼핑부터...등등 산더미여
하기사 지 덕 뵈는 눔이 님은 님이지
아, 님은 갔습니다
나의 님은 내게 기별 한 축 없이 수색역에서
딴 눔 차고 가버렸습니다—정도까지는 괜찮겠지만
엇다가 아무데나 님을 남발하여
씹어 봐도 이빨만 나갈 것을

하여간 그 책 속에
그 시민의 부친 되시는 학교선생님께서는
줄줄이 딸린 코흘리개 아이들을 먹여 살리려
좁은 시장 안에서 부식에 문방구를 함께하는
점방을 낸 부인에게 한자를 가르치는 것이었다

아침마다 몇 자 숙제를 내어 주어 저녁에 따박따박
검사를 한다니 우찌 그 아내가 그 남편이 디덥지 않으랴
어찌 서로 존경으로 사랑하지 않을 수 있으랴
그 큰 짐, 머리에 이고 지고 다니는 삶의 두게가
어찌 고생일 뿐이랴
그리하여
그 시민님의 어머니는 당시 국한문 혼용의 신문을
다 읽을 수 있게 되어 시사에도 밝았다고
사람살이에 최고 보람은
사람을 더 나은 사람으로 만들어 주는 일이다

참 세상에는 지 마누라 무식하다고
구박하는 눔이 새고 샜는데
그리 참한 남정네들을 만난 여자들은
전생에 무신 복을 많이 지어
그리 아래우로 참 호강을 받고 산단 말고
그리하여 그 작가도
남자라면 자고로 여자에게 어찌 하고 살아야 한다는
해답을 그 부친에게서 수혈받았을 것이니
그런 남자들은 수없이 복사를 떠서
아쉬운 여자들에게 서넛 너덧씩
마구 떠안겨야 하고말고

철새는 날아가고

철새를 날려 보내고
비로소 평온해진 하늘
세필로 점점이 찍어 일사불란하던
늦은 저녁의 공간 이동
가다듬은 전열이 바람에 날리어
가물가물 가로 기울다
한 점 낙오 없이 다시 온전해지던
암호 같은 시각
잔가지 하나 없는 어느 하늘에
이 밤을 쉬어 가려는고

아득한 구름 속으로 잠기어
날개마저 지우던

이 시는
2019년 3월 9일 토요일
저물녘에
통영을 갔다 오는 배 위에서 목격한 철새들의
까만 이동을 바라보며
사람이나 새들이나 모든 생명 가진 것은

저리 처절하게 살아내야 하는구나 싶은
쓰라린 감상感傷에 빠져
한 수 읊어본 것이다

이백여 마리의 식솔들이 몽땅, 서로 서로
힘을 보태며 떠나가고 있었다
내가 역부러 숫자를 헤아려 보았지

강남 달

2006년에 작고하신 신카나리아 여사의 노래
강남 달
가사가 어찌나 아름다운지
씻어 감긴 듯한 이 산천의 소프라노
내가 오늘은 하루 종일 영상을 보며 따라 불렀다
곧 연말이 아니던가 ㅎㅎ

  강남달이 밝아서 님이 놀던 곳
  꿈속에 그의 얼굴 가리워졌네
  물망초 핀 언덕에 외로이 서서
  물에 뜬 이 한 밤을 홀로 새울까

  강남에 달이 지면 외로운 신세
  부평의 잎사귀엔 벌레가 우네
  차라리 이 몸이 잠 들리오다
  임이 절로 오시어서 깨울 때까지

강남달이라고 해서
강남의 그 흔들어 제치던 폴링 썬 클럽의 문란한
아기들이 갖고 노는 멀미나는 달은 아닐 것이고
중국대륙 어디 항주 소주 부근의 강남쯤일 것이라니

아스라이 멀어서 또한
놀던 님이 그립구나
세상 어느 곳인들 달 없는 동네가 있겠냐만
드라마 서울의 달도 고단하고 아파서 허벌나게 좋았제
가수 김건모씨가 노래한 서울의 달
달이 바로 지척에서 확 들이대어
내 눈과 꺾여 맞춰지니 좋을 것이고
그 모든 사람들이 또한 추억의 빠다빵처럼
한 입씩 베어 먹어도 작아지지 않으니 넉넉하다
이 노래를 내가 좋아하는 문희옥 가수가
만인의 애간장을 살짝살짝 건드리며 곡조를 저어가니
이 세상 다녀간 지 오래된 내 엄마가 문득 떠올라
내가 그 여인에게 지은 불효가 몇 섬, 몇 말이던가...
잠시 헤아려봤네

기다려도 당최 오시지 않던 싸늘한 님이
꿈속에서 당신 발로 나를 찾으시니
임이 절로 오시어서
흔들어 깨울 때까지~

위대한 유산

영화 위대한 유산을 혹시 보셨수?
내가 본 영화 중 영상이나 연기에 있어 거의
완벽한 영화였다
원제목 life in mono
그 영화 한 편 안에 인생 모든 게 들어있었다
삶에서 빚어지는 모든 슬픔, 아름다움
그리고 선과 악,
고양이, 유방, 베사메 무쵸, 혀, 음수대,
화가, 거웃―아랫도리에 난 털,
바다에 잠긴 두 발이 묶인 탈옥수,
사랑을 믿지 않는 여자

세상에 사랑이 얼마나 많은데 그 하나의 사랑만을
고집하여 나머지를 믿지 않는다니
세상을 믿고 안 믿고는 네 자유다
믿으면 믿어지는 대로,
못 믿으면 못 믿을 일이 되고마는 것을
그 영화에서
―내 인생을 조종할 사람은 바로 나
라는 대사가 나온다
내 인생을 조종할 사람은 그 누구도 아닌
바로 나라는 말이다

하여간 그 영화는
예기치 않은 시각, 예기치 않은 모습으로
내 앞에 나타나는 좋은 유산, 횡재는
내가 별다른 생각 없이 건네준 하나의 선형에서
비롯된다는 이야기를 하는 듯했다
주인공은 까맣게 어릴적
물속에 잠겨 까닥까닥 숨어있던 탈옥수에게
낡은 구명조끼 하나를
휙 던져 준 것이다

삶의 가치

삶의 가치는
자기 책임을 다 하는 것이다
내가 원했든 원하지 않았든
내게 지워진 짐

그래서 나도 끝까지 가고 있다

| 맺는 말 |

직설적 삶
나의 삶이다
가려봐야 어디까지 가릴 것이며
숨겨봐야 얼마를 숨길까
알량한 껍질 확 벗겨
떨거지 붙이지 않는 자유
나 좋아 사는 세상

재밌게 읽었으면 그만인 것이다
노잼?!
fuck u!

fuck you! 엿 먹어!